W0192443

Pater Karl Wallner
Kirche tut gut

Pater Karl Wallner

Kirche tut gut

benno

Bibliografische Information der Deutschen Nationalbibliothek
Die Deutsche Nationalbibliothek verzeichnet diese Publikation in der
Deutschen Nationalbibliografie; detaillierte bibliografische Daten sind
im Internet über http://dnb.d-nb.de abrufbar.

Besuchen Sie uns im Internet:
www.st-benno.de

Gern informieren wir Sie unverbindlich und aktuell
auch in unserem Newsletter zum Verlagsprogramm,
zu Neuerscheinungen und Aktionen. Einfach anmelden unter
www.st-benno.de.

ISBN 978-3-7462-3989-7

© St. Benno-Verlag GmbH, Leipzig
Umschlaggestaltung: Ulrike Vetter, Leipzig
Umschlagfoto: © picture-alliance/Design Pics
Gesamtherstellung: Kontext, Lemsel (B)

Inhalt

1.

Top 12 –
Pater Karl antwortet
Jugendlichen

1. Pater Karl, ich habe schon oft gebetet und keine Antwort bekommen. Wie kann ich da noch an Gott glauben?

Das ist schon ein Problem. Auf der einen Seite hat der liebe Gott ganz großes Interesse daran, uns Menschen zu zeigen: „Mich gibt es wirklich!" Besonders gern beweist sich Gott denen, die weit weg von ihm sind. Ich selber habe eigentlich durch das Bittgebet zum Glauben gefunden. Als ich mit 16 begonnen habe zu beten, da ging es um Schularbeiten, um gute Noten oder auch darum, dass dieses oder jenes Mädchen in der Tanzschule mit mir tanzt. Das waren jugendliche Bitten – aber es hat eigentlich immer funktioniert. Die Noten waren oft ganz überraschend gut. Der liebe Gott hat mich dadurch richtig abgeholt, weil er mir irgendwie bewiesen hat, dass es ihn gibt. Und Jesus sagt auch: „Bittet und ihr werdet empfangen, sucht und ihr werdet finden, klopft an und euch wird aufgetan." (Matthäus 7,7) Auf der anderen Seite hat der liebe Gott genauso ein Interesse daran, dass wir ihn nicht mit einem Coca-Cola-Automaten verwechseln: Du wirfst oben ein Gebet rein und schon rumpelt unten die Erhörung wie eine Cola-Dose raus. So ist Gott nicht! Er ist kein berechenbarer, kalkulierbarer Apparat, er möchte nicht als Erfüllungsgehilfe für unsere Wünsche und Bitten verwendet werden, sondern er möchte geliebt werden, in einer freien Liebe geliebt werden. Und deshalb sagt die Kirche und sagt uns der Glaube: Jedes, wirklich jedes Gebet wird zwar unfehlbar erhört – aber nur so, wie Gott es will. Also wenn du um etwas betest und du bekommst nicht das, was du dir eingebildet hast, dann erhältst du auf jeden Fall etwas anderes, das besser für dich ist. Bei mir hat das funktioniert: Ich habe sehr um die Freundschaft eines Mädchens gebetet – aber Gott hat mir eine Berufung zum Priester geschenkt. Und ich bin glücklich so. Ich wäre wahrscheinlich nicht glücklich, wenn ich diesen Weg nicht gegangen wäre. Also, der liebe Gott erhört jedes Gebet, aber er hört es nach seinem Plan, weil es so besser für uns ist. Er weiß besser als wir selber, was für uns gut ist. Und deshalb: Bitte betet, betet intensiv, traut euch, ganz konkret um etwas zu bitten, aber versucht nicht, den lieben Gott zu erpressen. Betet, so heißt es auch im Vaterunser, immer mit der Haltung: „Dein Wille geschehe." Gottes Wille ist nämlich für uns immer am besten. Und insofern wird wirklich jedes Gebet von Gott erhört.

2. Wenn Gott die Liebe ist, wie kann es sein, dass es Menschen gibt, die Hunger haben und Not leiden?

Wir wissen aus der Heiligen Schrift eindeutig, dass der liebe Gott, als er die Welt geschaffen hat, alles gut gemacht hat. Wenn man sich das erste Kapitel aus dem Buch Genesis anschaut, da heißt es nach jedem Schöpfungstag: Es war gut. Es war gut so, und als Gott am sechsten Tag den

Menschen geschaffen hat, heißt es sogar, es war „sehr gut" (Genesis 1,30). Also, der liebe Gott kann nur Gutes schaffen, weil er selbst gut ist. Er hat uns Menschen aber mit dieser Güte zugleich etwas übergeben, das Güte überhaupt erst ermöglicht: nämlich die Freiheit. Gut kannst du nur sein, wenn du frei bist. Wenn du nicht frei bist, weil du z. B. zu etwas gezwungen wirst oder unter Drogen stehst, dann kannst du auch nicht mehr lieben. Gott wollte, dass wir lieben können, so wie er liebt, und deshalb hat er uns die Freiheit geschenkt. Das Problem ist, dass wir diese Freiheit nicht wirklich gut gebrauchen. Schon die Erzählung von Adam und Eva (Genesis 3) zeigt uns, dass von Anfang an im Menschen die Gier ist. Und wenn wir uns heute die Situation in der Welt anschauen – ich war selber schon in Afrika und habe gesehen, wie die Zustände da sind –: Wir leben wirklich auf Kosten anderer Völker, anderer Kulturen, anderer Nationen. Unser ganzer Reichtum, den wir hier in Europa haben und der uns jetzt gerade langsam aber sicher zusammenbricht, ist ein geborgter Reichtum. Christus ist in die Welt gekommen, um uns zu zeigen, welches Potenzial wir eigentlich in uns haben, dass wir lieben können, dass wir gerecht sein können, dass wir auch verpflichtet sind, den anderen zu helfen. Und ich glaube, dass man das auch sieht. Überall, wo Menschen sich auf Jesus einlassen, wird alles getan, um Ungerechtigkeit und auch Hunger in der Welt zu überwinden. Freilich muss man dazu auch eines sagen: Es wird uns in dieser Welt nicht endgültig gelingen. Jesus hat selbst einmal etwas gesagt, was einen durchaus traurig machen kann: Arme werdet ihr immer unter euch haben (Markus 14,7). Es ist einfach eine Realität, dass Armut, Ungerechtigkeit, Krankheit usw. irgendwie zu unserem Leben dazugehören. Genau da sagt uns dann die christliche Botschaft: Es gibt einen Himmel. Und dieser Himmel ist nicht bloß eine Vertröstung, sondern er ist die eigentliche Kernbotschaft des Christentums: dass alles, was es hier auf Erden an Ungerechtigkeit und Leiden gibt, dereinst verklärt wird. Ich warne vor solchen modernen Parolen, die da lauten: „Geiz ist geil" oder „Ich hab nichts zu verschenken". Bitte bleiben wir Christen und schauen wir, was Gott wirklich von uns will. Wir müssen gegen das Böse und die Ungerechtigkeit in dieser Welt in der Hoffnung kämpfen, dass der liebe Gott im Himmel dann alles endgültig auflösen wird.

3. Wenn es Jesus nur einmal gibt, wie kann er dann überall in der Kirche sein?

Wir glauben, dass Jesus Christus nicht nur ein Mensch war. Ein Mensch ist immer geografisch und zeitlich begrenzt. Er hat einen Anfang und ein Ende, er kann immer nur an einem Ort sein. Wir alle haben irgendwann einmal durch die Liebe unserer Eltern begonnen, als Eizelle und Samenzelle in einer bestimmten Sekunde, die uns allen unbekannt ist, miteinander verschmolzen sind. Wir sind in einem bestimmten Augenblick aus unserer Mutter geboren worden und wir werden an einem bestimmten konkreten Tag auch einmal sterben. Ganz sicher, hundertprozentig. Jesus Christus war aber nicht bloß begrenzter zeitlicher Mensch, sondern er war auch Gott, und deshalb hat er auch die Eigenschaften Gottes. Und Gott ist eindeutig jenseits der Zeit. Er ist transzendent – das ist der philosophische Fachbegriff dafür, dass Gott alles übersteigt. Und weil Jesus Christus eben beide Eigenschaften hat – er ist in der Zeit und zugleich über der Zeit –, deshalb sind die Grenzen von Raum und Zeit für Jesus Christus kein Problem. Er ist sowohl konkrete geschichtliche Person als auch eine geistig-göttliche Existenz. Jesus Christus lebt auch in unseren Herzen, man kann ihn fühlen, wenn man sich im Glauben auf ihn einlässt. Deshalb ist es überhaupt kein Problem, dass Jesus Christus in dieser Welt gegenwärtig ist, dass er in den Herzen der Menschen lebt und dass er sogar durch so etwas Merkwürdiges und zugleich Schönes wie seine Kirche, die Fehler hat und doch zugleich sehr viel Heiliges in sich trägt, in dieser Welt gegenwärtig ist. Es gibt ein schönes Kirchenlied, da heißt es: „In seiner Kirche Pilgerkleid, da schreitet Christus durch die Zeit." Und die Kirche ist wirklich der fortlebende Christus. In der Kirche erkennen wir Christus, begegnet er uns in den Sakramenten, durch die Verkündigung des Wortes Gottes. Also, für uns Menschen ist es unmöglich, überall gleichzeitig zu sein, aber für Jesus Christus absolut nicht.

4. Wenn wir uns Gott nicht so richtig vorstellen können und glauben, dass Gott Geist ist, woher wissen wir denn, dass es ihn gibt?

Zunächst einmal können wir mit unserem Denken klar erkennen, dass es Gott gibt. Das ergibt sich aus der Schöpfung. Es gibt den Spruch: „Von nichts kommt nichts." Das ist die saloppe Formel des „Kausalitätsprinzips". Um festzustellen, dass es uns gibt, braucht ihr euch nur in den Finger zu zwicken. Ihr spürt: Mich gibt es, ich fühle Schmerz. Wenn es mich wirklich gibt, ergibt sich sofort die Frage: Wo komme ich her? Wir brauchen einen letzten Grund, aus dem alles kommt. Nicht erst der Glaube, sondern schon die Vernunft sagt uns, dass es einen letzten Grund geben muss, der alles begründet, der außerhalb der irdischen Zusammenhänge und Kausalitäten steht. „Von nichts kommt nichts." Der Urknall erklärt gar nichts, denn die Frage ist ja: Wer hat geknallt? In der Schweiz kann man sehr leicht zur Gotteserkenntnis kommen: Schaut euch die herrlichen schneebedeckten Berge an. Schaut euch die Schönheit dieser Gegend an. Da kommt einem doch ganz automatisch der Gedanke, dass es einen Schöpfergott gibt. Ein anderes Beispiel: Ich war jetzt gerade mit einem Pater Mittagessen. Der Pater hat einen Rotwein bestellt, er hat an dem Rotwein geschnuppert und zu mir gesagt: Und da gibt es Leute, die so blöd sind und behaupten, dass Gott nicht existiert. Wenn es so etwas Gutes wie diesen Rotwein gibt, dann ist das doch fast ein natürlicher Gottesbeweis.

Dazu kommt ein Zweites: Wir wissen, dass es Gott gibt, weil er sich uns geoffenbart hat, weil er uns nahegekommen ist. Schon im Alten Testament lesen wir von Menschen, die Begegnung mit Gott erfahren haben, wie z. B. Mose und Abraham. Und das Neue Testament bezeugt uns, dass Gott in Jesus Christus Mensch geworden ist. Für junge Leute ist das Wichtigste: Lasst euch selbst auf Gott ein. Traut euch, Gott nahekommen zu lassen. Ich kann euch als Pater Karl nicht den lieben Gott beweisen. Gott ist so unendlich, dass die Begriffe fehlen. Wenn jemand nicht weiß, wie gut ein Wiener Schnitzel schmeckt, dann kann ich ihm den Geschmack eines Schnitzels nicht erklären. Ich habe keine Worte dafür, weil eben das Schmecken auf einer Ebene erfolgt, die man nicht in Worte fassen kann. Da kann ich nur sagen: Koste doch von dem Schnitzel und dann weißt du, wie gut es schmeckt. Und ganz ähnlich ist es mit dem lieben Gott: Lass dich auf ihn ein, er wird dir zeigen, dass es ihn wirklich gibt. Ich kann es durch mein Leben bezeugen, und viele Milliarden Menschen können das auch. Zu glauben ist ja nichts Außergewöhnliches. 95 Prozent der Weltbevölkerung sind religiös und glauben an etwas Jenseitiges. Mehr als eine Milliarde Menschen glauben an Jesus Christus. Es ist keine Absurdität, gläubig zu sein. Wer an Gott glaubt, der gehört zu den Vernünftigen. Wenn du glaubst, bist du bei denen, die wirklich über das Leben nachdenken und die die Antworten annehmen, die ihnen Gott gibt. Darum empfehle ich dir: Bete, lass dich auf den lieben Gott ein, glaube an ihn, koste das Schnitzel und es wird dir sicher schmecken.

5. Warum soll ich beten?

Der Mensch ist höchstwahrscheinlich das einzige Wesen im ganzen Universum, das mit Vernunft und Geist begabt ist. Ein Atom, ein Stein, eine Blume, ein Baum, ein Berg – sie alle sind durch ihre bloße Existenz ein Lobpreis auf Gott, ihren Schöpfer. Aber wir Menschen haben darüberhinaus den Verstand, wir haben Geist. Den hat Gott in uns hineingelegt, als er uns nach seinem Abbild geschaffen hat (Genesis 1,26). Dieser Geist ist etwas, das uns nicht nur Gott ähnlich macht, sondern das uns auch erlaubt, mit Gott Kontakt aufzunehmen. Wir Menschen sind jedenfalls das einzige Wesen auf Erden, das beten kann. Denn beten heißt, Kontakt aufzunehmen mit Gott, der selbst Geist und Liebe ist. Und Beten ist ganz einfach: Gott ist immer da, wir sind umgeben, eingehüllt in die Wirklichkeit Gottes. Um zu beten, brauchen wir nur unser Herz zu öffnen.
Freilich haben wir das Problem, dass wir einen Vorhang zwischen uns und Gott gezogen haben. Doch wir brauchen ihn nur zurückzuschieben, und schon ist Gott da. Von Gott wissen wir, dass er mit uns Kontakt aufnehmen will. Genau das

ist ja die Urbotschaft des Christentums: Seit 2000 Jahren verkünden wir, dass Gott Mensch geworden ist. Wir glauben, dass Gott in diese Welt hineinwollte, und zwar ganz persönlich: Gott hat eine menschliche Gestalt angenommen. Warum? Weil er sich für uns interessiert und uns nahe sein will. Wir sind für ihn nicht irgendwelche Ameisen, die er auf dem kleinen blauen Planeten Erde ausgesetzt hat und die herumkrabbeln müssen, bis sie ins Nichts zurücksinken. Nein! Gott will mit uns Kontakt aufnehmen – deshalb hat er uns als geistige Wirklichkeit in Raum und Zeit hinein geschaffen, deshalb ist er selbst in Raum und Zeit Mensch geworden.

Und deshalb ist Beten das Allerwichtigste. Es ist das Würdigste und Schönste, das du als Mensch tun kannst. Als Kind habe ich nie wirklich darüber nachgedacht, was die Gebete bedeuten, die ich gesprochen habe. Ich habe gebetet, ohne zu verstehen. So habe ich z. B. immer im Vaterunser gebetet: Wie auch wir vergeben unserem Schuldi gern. Ich hatte als Kind die Vorstellung: Da gibt es einen gewissen Herrn Schuldi, dem wir gerne vergeben sollen. Ich bin dann erst mit 13 oder 14 darauf gekommen, dass ich dieses Gebet nicht verstanden und mir darunter etwas ganz Kindisches und Lächerliches vorgestellt habe. Und das war der Anstoß dafür, dass ich begonnen habe, das Vaterunser ganz bewusst zu beten. Das hat dann schließlich eine Revolution in meiner Seele ausgelöst, weil ich plötzlich gespürt habe: Ich plappere nicht in ein leeres, dunkles Vakuum hinein, sondern da kommt etwas von Gott zurück. Ich merkte, dass ich in einem Austausch bin: Von Gott kommt Hilfe, kommt Kraft, kommt Beständigkeit zurück. Das war eine ganz tolle Erfahrung. Deshalb möchte ich allen raten, mit Gott Kontakt aufzunehmen und zu Gott zu beten.

6. Wenn wir einen Vater im Himmel haben, warum brauchen wir dann noch einen Vater zu Hause?

Es ist doch klar, dass Gott eine Ordnung in die Natur hineingelegt hat. Er hat den Menschen, die er geschaffen hat, die Zweigeschlechtlichkeit gegeben, eine Polarität. Von Natur aus sind wir entweder Mann oder Frau. In der Verschiedenheit von Männern und Frauen liegt auch schon eine Hinordnung zueinander: Männer fühlen sich zu Frauen hingezogen und Frauen zu Männern. Beide sind von Gott dazu bestimmt, in einer geistigen Einheit zusammenzukommen, in einem Bund. Und dieser geistige Bund drückt sich dann auch leiblich aus. Aus der Vereinigung geht ein weiteres Geschenk vom lieben Gott hervor: das Kind. Sexualität ist eines der schönsten Geschenke, die Gott uns Menschen gegeben hat, bei der wir an seiner göttlichen Lebendigkeit, Liebe und Fruchtbarkeit teilhaben.

Mit einem Kind bekommen die Eltern natürlich auch eine ganz große Aufgabe von Gott zugemutet. Ich bin jetzt 30 Jahre Priester und das sehr gerne. Aber ein bisschen Leiden gehört auch dazu, weil ich sehr gerne Kinder gehabt hätte. Ich wäre wirklich wahnsinnig gerne auch Vater. Ich stelle mir vor, wenn ich jetzt schon größere Söhne und Töchter hätte – vielleicht wäre ich sogar schon Großvater, mit 48 ist das ja möglich –, das muss etwas Wunderbares sein. Menschlich Vater zu sein, menschlich Mutter zu sein. Ich sehe das auch an meinen Jugendlichen, wie sie erst in dem Augenblick, wenn sie verheiratet sind und Kinder kommen, so richtig reif und erwachsen und erst dann wirklich geerdet sind. Da hat der liebe Gott ganz offensichtlich etwas von seiner ewigen Vaterschaft in unser Menschsein hineingeschrieben. Jede Mutter, jeder Vater nimmt durch die Fruchtbarkeit und durch die Erziehung der Kinder teil an der Schöpferwürde Gottes. Und deshalb ist die Frage ganz klar zu beantworten: Vater sein und Mutter sein sind Abspiegelungen der Weise, wie Gott uns liebt. Es ist eine höchste Würde des Menschseins, das Gott uns geschenkt hat, wenn man als Vater und Mutter die Verantwortung gegenüber seinen Kindern ausübt. Menschlich gesehen kann es eigentlich nichts Schöneres geben, als Familie zu sein.

7. Wenn Gott barmherzig ist, müssten dann nicht alle in den Himmel kommen, egal was sie tun?

Es steht im ersten Brief des heiligen Apostels Paulus an Timotheus, dass Gott „will, dass alle Menschen gerettet werden" (1 Timotheus 2,4). Und in der Theologie unterscheiden wir ganz einfach: Auf der einen Seite steht die objektive Erlösung, die Gott wirklich für alle Menschen gemeint hat. Die Barmherzigkeit Gottes gilt wirklich allen Menschen. Er bietet sein Heil allen an. Gottes Sohn ist für alle gestorben. Jesus sagt nicht: Die Verbrecher, die sollen ruhig in die Hölle marschieren. Als er am Kreuz hängt, hat er alle Menschen vor Augen – er sieht auch einen Hitler, er sieht auch einen Stalin, er sieht alle Terroristen, die Mörder, Gewalttäter und Kinderschänder, die es je in der Weltgeschichte gegeben hat. Und er meint auch dich und mich. Sein Blut fließt wirklich für alle. Das ist die allumfassende Versöhnung, die Jesus meint. Die Barmherzigkeit Gottes ist unendlich. Leider, und jetzt kommt die andere Seite, ist die Bereitschaft von uns Menschen, diese Barmherzigkeit anzunehmen, nur endlich. Wir haben immer die Freiheit, uns zu entscheiden. Gottes Liebe ist so groß, dass er niemanden in sein Glück hineinzwingt. Er respektiert immer ganz dezent jene Freiheit, die er am Uranfang den Menschen gegeben hat. Das heißt also, es braucht nicht nur die objektive barmherzige Erlösung Gottes, die allen Menschen gilt, sondern es braucht auch die subjektive Annahme durch den einzelnen Menschen. Jeder von uns ist eingeladen, die Liebe Gottes anzunehmen und nach Gottes Willen zu handeln. So schreibt der Apostel Johannes, dass unsere eigentliche Aufgabe darin besteht, die Gebote Gottes zu erfüllen (1 Johannes 2,3). Die Freiheit des Menschen besteht auch nach Kreuz, Tod und Auferstehung Christi weiter. Wir werden von Gott nicht zu Marionetten gemacht, zu denen er zynisch sagt: Ihr könnt tun und lassen, was ihr wollt, ihr könnt ruhig Massenmorde und Massenverbrechen begehen, ihr könnt euch ruhig im Hass verschließen gegenüber allem, was Liebe ist – es nützt euch alles nichts, ihr kommt trotzdem alle, alle, alle in den Himmel. Da wäre Gott sehr respektlos gegenüber uns Menschen und unserer Freiheit. Die heilige Freiheit des Menschen ist ja auch der Grund, warum wir in der Kirche so viel daran arbeiten müssen, dass alle Menschen zu Gott finden, dass sie seine Liebe annehmen, dass sie seine Gebote halten. Es gibt also eine universale Barmherzigkeit Gottes, aber es gibt leider auch die begrenzte Annahme dieser Barmherzigkeit durch uns Menschen.

Ich möchte noch kurz auf die Gebote eingehen. Viele Menschen denken, dass es im Christentum einzig und allein darum geht, irgendwie die zehn Gebote zu halten. Wenn wir das Schuldbekenntnis sprechen, dann sagen wir immer: Ich habe gesündigt in Gedanken, Worten und Werken. Das Halten der Gebote Gottes beginnt immer schon „in Gedanken", also im eigenen Herzen. Jesus sagt auch: Da steigt die Unreinheit im Menschen auf, in den inneren Haltungen, also im Herzen (vgl. Markus 7,20f). Alles Böse beginnt immer im Geistigen, also in den Gedanken. Dann setzt es sich fort in Worten und in Werken. Das heißt, was du als Christ zuinnerst einmal brauchst, das ist der vertrauensvolle Glaube an Jesus Christus. Daraus entspringt dann eine christliche Lebenshaltung, die sich natürlich auch im konkreten Halten der Gebote Gottes äußert. Du kannst z. B. nicht sagen: Ich liebe meine Frau über alles, aber einen Seitensprung, den kann ich mir schon gönnen. Das geht nicht.

8. Warum betet der Papst mit Muslimen? Schließlich glauben wir nicht, dass wir den gleichen Gott haben.

Es hat Jahrhunderte gegeben, in denen die Religionen in einem bösen Streit gelegen haben und jede Religion sich darin stark gemacht hat, der anderen vorzuwerfen, dass sie dämonisch sei und nur Böses verkörpere. Das hat zu furchtbaren Religionskriegen geführt. Mein Kloster Heiligenkreuz im Wienerwald wurde z. B. 1683 von den Türken niedergebrannt. Hinter den Türkenkriegen stand auch die Absicht, den Islam auszubreiten. Auf Seiten von uns Christen hat es vor 700 Jahren die schlimme Sache mit den Kreuzzügen gegeben …
Ich glaube, dass es heute sehr wichtig ist, der Welt zu zeigen, dass die Religionen darin etwas Gemeinsames haben, dass sie an Gott glauben,

21

wenn auch in verschiedener Weise. Wir Christen glauben, dass sich Gott in Jesus Christus wirklich wahr und endgültig offenbart hat, weil er uns liebt. Diese Liebe Gottes muss uns aber davor behüten und bewahren, anderen zu unterstellen, dass sie schlecht sind und nur Böses wollen. Und deshalb ist es extrem wichtig, dass die Religionsführer miteinander in einer guten Beziehung stehen. Das heißt nicht, dass wir unseren Glauben verraten. Das heißt nicht, dass wir unseren Gott verraten. Das heißt nicht, dass wir auf Jesus Christus verzichten. Sondern wenn wir nach seiner Botschaft handeln und sein Evangelium hinaustragen in die Welt, dann gibt es schon eine Gesprächsbasis mit den anderen Religionen. So kann viel Gutes geschehen. Kriege und Streitigkeiten können verhindert werden.

Ich beobachte allerdings mit Sorge, wie wir Christen das wirklich aufrichtig versuchen, wie aber zugleich gerade im Islam eine große Gefahr durch den Fanatismus heranwächst. Der fanatische Islam, der Islamismus, ist zwar kein authentischer Islam, aber er existiert einfach. Und umso mehr müssen wir Christen – wegen unserer Mitbrüder und Mitschwestern in Ägypten, im Irak, im Iran, in Indonesien usw., also in all diesen Ländern, wo Christen um ihres Glaubens willen benachteiligt oder gar gefährdet werden – Zeichen der Verbundenheit setzen. Papst Benedikt XVI. zeigt uns das durch die vielen versöhnlichen Treffen mit Führern des Islam. Und der selige Johannes Paul II. hat gesagt: Nie wieder Krieg im Namen der Religion. Nie wieder Krieg im Namen Gottes. Gott darf nicht missbraucht werden, damit Menschen gegeneinander kämpfen. Und das ist die leuchtende Botschaft, wenn Papst Benedikt XVI., wie schon seine Vorgänger, guten Kontakt mit den Religionsführern dieser Welt hält.

9. Warum ist Gott Vater und nicht Mutter?

Die Bezeichnung Gottes als Vater ist keine Geschlechtsbestimmung. Wer sich vorstellt, dass Gott ein alter Mann mit Bart ist, der auf Wolken im Himmel sitzt, wie man es bildlich oft dargestellt hat, dem muss ich als Theologieprofessor sagen: Lass dich nicht durch solche Bilder in die Irre führen. Diese Darstellung Gottes als alter Mann bzw. alter Vater ist eine Metapher, ein Symbol: Man wollte so bildlich das Uralt-Sein, ja das Ewig-Sein Gottes ausdrücken. Deshalb der lange weiße Bart. Die Bezeichnung „Vater" begegnet uns in der Bibel nicht erst im Neuen Testament. Wir finden etwa ein Dutzend Stellen im Alten Testament, an denen Gott schon Vater genannt wird. Es handelt sich hier um ein Bild für die Fürsorge Gottes, das uns sagen will: Gott sorgt für sein Volk Israel wie ein Vater für seine Familie. Im Alten Testament haben wir sogar einige Stellen, wo Gott mit einer Mutter verglichen wird: Dass er für Israel sorgt, so wie eine Mutter, die nie ihr Kind vergessen würde. Gott ist auch mütterlich sorgend und liebend.
Wir sehen, dass es sich hier letztlich um eine

Symbolsprache handelt, also um Vergleiche, um die Fürsorge und die Liebe Gottes auszudrücken. Im Neuen Testament offenbart uns Jesus Gott endgültig als liebenden Vater. Also nicht mehr nur als den allgewaltigen Schöpfer, der alles geschaffen und hervorgebracht hat, sondern als einen, der liebend für den Menschen da ist. Dieser Vater tut alles, gibt alles für seine Kinder. Am Kreuz gibt er sogar seinen Sohn für uns dahin. Aber auch hier handelt es sich um keine Geschlechtsbestimmung. Gott ist geschlechtlich weder Mann noch Frau, weder Vater noch Mutter. Der Begriff Vater ist nur deshalb besser geeignet als der Ausdruck Mutter, damit wir nicht in mythologische Vorstellungen zurückfallen. Die Mutter trägt das Kind in ihrem Leib, sie trägt es in sich aus und gebiert es. In Religionen, wo man sich Gott als Mutter vorstellt, wird die Natur oft mit der Gottheit gleichgesetzt. Wenn jemand den Film „Avatar" gesehen hat: Da gibt es z. B. die weibliche Gottheit Eywa, die hundertprozentig mit der grünen Natur identifiziert wird. Für uns Christen ist dagegen fundamental, dass Gott nicht dasselbe ist wie die Welt. Er steht über der Natur. Gott ist jenseits, er ist transzendent, er ist außerhalb dieser Welt und möchte doch durch seinen Sohn und den Heiligen Geist in der Welt wirken. Der Ausdruck Vater ist besser geeignet, die schönste Eigenschaft Gottes zu beschreiben: dass er fürsorgend und liebend als unser lieber Abba, unser lieber Papa im Himmel für uns da ist.

10. Wie kann einer allein die ganze Welt erschaffen?

Dass Gott eins ist, das ist klar. Gott kann nur Gott sein, wenn er wirklich absolut und universal ist. Wenn es zwei oder drei oder gar eine Unmenge von Göttern gäbe, so wie sich die Griechen und die Römer das vorgestellt haben, dann würden diese sich ja gegenseitig begrenzen. Wir Christen glauben, dass es einen einzigen unendlichen Gott geben muss und dass dieser Gott absoluter Geist ist. Es muss eine Zeit gegeben haben, da hat keine Materie existiert, sondern nur Geist. Zeit ist hier natürlich auch der falsche Ausdruck, denn die Zeit gibt es erst ab dem Augenblick, in dem Gott die Welt schafft. Wir können uns das nicht vorstellen. Auf jeden Fall weigere ich mich dagegen, wenn man sagt: Wir wissen heute, wie alles entstanden ist – durch den Big Bang, also den Urknall. Die eigentliche theologische Frage ist ja nicht, dass aus dem Big Bang etwas entstanden ist, sondern die Frage ist ja: Wer hat geknallt? Der Urknall kann sich ja nicht selbst hervorgebracht haben. Das ist absolut unmöglich.

Das alles sagt uns schon unser Verstand, das wurde von vielen Philosophen bedacht und erkannt. Dann kommt noch die Frage, die die Religionen beantworten müssen: Wenn Gott von Ewigkeit war und es hat noch keine Materie, keinen Kosmos gegeben – warum schafft er etwas? Da gibt es in der Philosophie die verschiedensten Anschauungen. Der deutsche Philosoph Hegel zitiert

z. B. Schiller und sagt: „Freundlos war der große Weltenmeister / fühlte Mangel – darum schuf er Geister ..." Dahinter steckt die Idee, dass Gott die Welt braucht, um Freunde zu haben. Er braucht sie, damit er Wesen hat, die ihn als Gott anerkennen und anbeten ... Sonst wäre er ja kein Gott. – So etwas lehnen wir Christen völlig ab, weil wir etwas Tieferes von Gott wissen: dass er in sich von Ewigkeit her schon dreifaltig war und ist. Gott braucht nicht erst die Welt als Gegenüber, er ist von Ewigkeit her schon geistig die Liebe von Vater, Sohn und Heiligem Geist. Und dieser eine Gott im Miteinander von drei Personen ist so erfüllt von Liebe, dass er etwas außerhalb von sich selbst wollen kann, das an dieser Liebe teilnimmt. Und so schafft Gott aus seiner Liebes-Überfülle heraus die Welt außerhalb seiner selbst. Der unendliche Geist setzt sich die endliche Materie gegenüber, und es entsteht der Kosmos.

11. Wenn jemand an Gott glaubt oder einen der anderen Religionen angehört, ist er dann schlechter?

Es ist so, dass wir Christen ein Privileg haben: Wir dürfen daran glauben, dass Gott, den alle Religionen letztlich suchen, dass dieser Gott sich uns geoffenbart hat. Das ist ein unglaubliches Geschenk, dass wir das wissen dürfen. Alle Religionen, jeder Mensch hat in sich die Sehnsucht nach dem Größeren, nach dem Letzten und Ganzen. Jeder spürt diese Unerfülltheit, die durch nichts zu füllen ist, wenn man sich auch noch so sehr zuschüttet mit irdischem Erfolg, mit Karriere und mit irgendwelchen Befriedigungen, die das Leben bietet.

Und jeder spürt, dass er auf der Suche nach dem ist, was dahinter liegt, hinter der Oberfläche des Lebens. Deshalb sind Menschen Sehnsuchtswesen. Und die Religionen versuchen, diese Sehnsucht zu stillen. Alle Religionen haben diese Grundstruktur, dass sie das Suchen des Menschen nach Gott darstellen. Karl Barth, ein Schweizer Theologe des 20. Jahrhunderts, hat gesagt: Religion ist der Mensch auf der Suche nach Gott. Und unser Privileg ist es nun, dass wir wissen, dass es auch eine genau umgekehrte Bewegung gibt: Gott kommt zum Menschen. Schon im Alten Testament spricht Gott den Menschen an, geht auf ihn zu, schließt einen Bund mit ihm; im Neuen Testament wird Gott sogar Mensch, wie wir das zu Weihnachten feiern dürfen. Uns hat Gott geoffenbart, dass er die Liebe ist und dass er alle Menschen retten will. Daher glauben wir, dass er für alle Menschen einen Heilsweg vorgesehen hat. Wenn die Menschen Gott suchen, wenn sie die Gebote Gottes halten, die sie in ihrem Gewissen erkennen, so sagt das Zweite Vatikanum deutlich, dann wird Gott einen für sie bestimmten Heilsweg haben. Freilich dürfen sie sich auch nicht schuldig machen, indem sie die Offenbarung Gottes einfach ablehnen oder gar bekämpfen. Es ist bedrückend, dass es zur Zeit eine so starke Verfolgung und Benachteiligung von Christen in der Welt gibt. Jedenfalls haben wir Christen die Gewissheit, dass der, der diese Offenbarung, dieses Sich-Nahen Gottes im Raum des Glaubens annimmt, dass der das Heil erlangen kann. Die Nicht-Christen sind also keine schlechteren Menschen, auch wenn wir den Drang in unserem Herzen spüren, allen Menschen zu helfen, Gottes Liebe in Jesus Christus zu erkennen und anzubeten.

12. Woher wissen wir, dass der Mensch eine Seele hat?

Das ist eine schwierige Frage. Der Begriff der Seele taucht nämlich nicht nur im biblischen Bereich auf, sondern „Seele" gibt es in allen Denkrichtungen, Religionen und Philosophien. Und alle meinen etwas anderes und doch etwas Ähnliches. Für uns ist die Seele das geistige Element des Menschen, das ihm Erkennen und Ichbewusstsein ermöglicht. Erst in dem Augenblick, in dem der Mensch Selbstbewusstsein erlangt, sprich in dem Augenblick, wo er wirklich Mensch ist, kann er auch unterscheiden zwischen einem materiellen, vergänglichen Element und einem immateriellen, also geistigen Element. In allen Kulturen gibt es die Erkenntnis, dass wir Menschen nicht nur aus einem vergänglichen Leib, aus Materie bestehen. Im Osten finden wir das in dem sogenannten Atman der indischen Philosophie, von dem sich übrigens unser Wort „Atem" ableitet. Auch die griechische Philosophie hat intensiv über die Seele nachgedacht. Bei Plato wird die Seele sogar überbetont, sodass diese praktisch der eigentliche Mensch ist. Der vergängliche Leib ist dann nur noch etwas Negatives, das „Grab für die Seele". In der biblischen Offenbarung ist die Rede von der „nefesch haja", vom Lebensatem. Jesus selbst spricht von der psyché des Menschen, also von der Seele des Menschen, die man retten soll, weil der Leib vergänglich ist. Doch wie verhalten sich nun Seele und Leib zueinander? Da bringt uns das Christentum die große Botschaft gegen die griechische Philosophie eines Plato oder des Neuplatonismus, dass Gott den ganzen Menschen retten möchte. Wir werden nicht als Geister oder gar Gespenster enden. Also, wir kommen nicht nur als Seele in den Himmel, sondern wir kommen auch mit unserem verklärten Leib einmal in diese Ewigkeit – deshalb ist Christus leibhaft auferstanden.

2.

Gott wirkt –
wenn du ihn lässt

Sechs Mal wird im Evangelium eine Szene geschildert, in der es um Sturm geht. Sturm, Katastrophenstimmung, Untergang. Am berühmtesten ist die Stelle, als Jesus im Boot schläft und die Jünger schon glauben, dass das ganze Boot untergeht. Das ist ein Bild auch für die Kirche von heute. Viele von uns haben das Gefühl, dass es mit der Kirche bergab geht. Ihnen möchte ich als Dogmatiker sagen: Es gibt ein ganz klares Dogma, dass die Kirche niemals untergehen wird. Es ist für uns Egozentriker und Egomanen so wichtig, zu wissen, dass Gott seine Kirche leitet, nicht wir. Niemand von uns soll sich vor Gott hinstellen und sagen: „Lieber Gott, du kannst eigentlich froh sein, dass du mich als Mitarbeiter hast!" Nein – Gott leitet seine Kirche, aber er will uns als Werkzeuge verwenden. Das ist ganz wichtig. Denn alles in der Kirche ist Gnade, alles liegt an ihm. Mutter Teresa hat immer gesagt: „Wir müssen Gott nur helfen, dass er sein Reich in dieser Welt ausbreitet." Und Gott will uns brauchen, er will dich brauchen. Hast du im Evangelium schon einmal die vielen Stellen gelesen, wo es um die Talente geht? Die Talente, die Gott uns anvertraut. Und nicht der wird gepriesen, der seine Talente – oh, wie bescheiden! – vergräbt und nichts damit macht, sondern der, der mit seinen Talenten wuchert! Der etwas macht, der etwas tut, der die Talente vermehrt. Wir huldigen heute ein bisschen einem Gnadenfatalismus: Da kann man nur noch beten. Um es klarzustellen: Ich bete sehr gerne, ich stehe jeden Tag um 5.15 beim Chorgebet, ich bete drei Stunden am Tag. Aber nur beten? Müssen wir nicht auch etwas tun?!

Wir haben heute eine Kirche der Konjunktive und der Optative: Man müsste! Man sollte! Der Papst sollte, die Bischöfe sollten, der Pfarrer sollte, der Pfarrgemeinderat sollte … Es sind immer die anderen, die etwas tun sollten. Nein, du sollst was tun! Wir haben heute – das Jahr 1989, als die Sowjetunion mit ihrer Diktatur Gott sei Dank untergegangen ist, ist lange vorbei – vielfach eine sowjetunionisierte Kirche. „Sowjet" heißt ja „Rat, Gremium". Wir sind zu sehr eine sitzende Kirche geworden. Am Anfang hat man das Christentum „Den Weg" genannt und nicht „Das Sitzen". Und am Ende der Heiligen Messe heißt es im Lateinischen korrekt „Ite, missa est!" Das ist ein Imperativ: Ite! Geht! Missa est! Die Übersetzung im deutschen Messbuch heißt heute: Gehet hin in Frieden! Das ist eine furchtbare Übersetzung, denn es klingt ja nach: „Geht, endlich habt ihr euren Frieden! Endlich habt ihr eure Ruhe von Kirche, Glaube und dem ganzen Zeug …" Richtig übersetzt müsste es heißen: Raus mit euch, macht euch auf den Weg! Missa est! Ihr habt eine Sendung! Gott will uns brauchen, denn er will durch uns die Welt bekehren. Gott will dich brauchen, also hör auf, gegen die Nacht zu schimpfen, zünde ein Licht an. Noch etwas muss ich als Dogmatiker sagen: Die Spätscholastik hat ein kluges Lehrwort entwickelt, das lautet: „Dem, der tut, was an ihm ist, verweigert Gott die Gnade nicht." Tu, was du kannst, dann tut Gott, was er kann! Wo du dich also nach deinen Möglichkeiten anstrengst, da wird Gott auch seine Gnade ausschütten. Ich bin Zisterzienser, ich komme aus Heiligenkreuz im Wienerwald, und unser Kloster ist voll mit Berufungen. Wir haben 150.000 Touristen im Jahr, und die Leute fragen oft: Sagen Sie mal, wie viele Mönche sind denn hier NOCH? Dieses NOCH, das ist so ungefähr wie: Haben Sie als Dinosaurier zufällig NOCH überlebt? Das Gegenteil ist der Fall, Gott schenkt uns viele und gute Berufungen. Wir haben mal vier Novizen, mal sieben Novizen, mal fünf Novizen. Ich bin vor einigen Jahren einmal zufällig auf einer Urlaubsfahrt mit Studenten beim heiligen Pater Pio in San Giovanni Rotondo vorbeigefahren, habe mich an seinem Grab hingekniet, und dann ist mir plötzlich eingefallen: Ich könnte mal beten: Lieber Pater Pio, gib uns zehn Novizen. Danach habe ich mir gedacht: Pater Karl, das war jetzt eine etwas übertriebene Bitte. Doch im Jahr darauf bin ich wieder hingefahren, um ein Bild hinzubringen: Auf dem Bild war der Herr Abt mit elf fröhlichen Novizen zu sehen. Pater Pio wirkt sehr gut. Unser Abt wurde im Vorfeld des Besuches von Papst Benedikt XVI. bei uns in Heiligenkreuz gefragt: Wie macht ihr das, dass ihr so viele Berufungen habt? Und er hat dann ganz spontan geantwortet: Erstens weil wir den Rosenkranz beten, zweitens weil wir das Ordensgewand tragen und drittens weil wir den Papst verteidigen! Ich möchte das Ganze aber noch ein bisschen theologischer erklären. Mein Lieblingsheiliger ist der heilige Don Bosco.

Don Bosco hatte eine Vision, in der drei weiße Gestalten vorkamen. Wenn du ein guter Apostel sein willst, wenn du wirklich einer sein willst, der vom Schlaf aufsteht, dann halte dich an diese drei weißen Gestalten: Die weiße Hostie der Eucharistie, die unbefleckte Gottesmutter Maria und die weißgekleidete Gestalt des Papstes.

Die erste Gestalt ist die weiße Hostie, Jesus unter uns in der Eucharistie. Die letzte Enzyklika Johannes Pauls II. hieß „Ecclesia de eucharistia vivit" – Die Kirche lebt aus der Eucharistie. Und auch wir müssen aus der Eucharistie leben. Bei uns in Heiligenkreuz ist einmal im Monat am Herz-Jesu-Freitag ein Gebetsabend, der Hunderte Jugendliche anzieht, obwohl es ziemlich steil zugeht. Wir muten den jungen Leuten zwei Stunden Gebet zu. Wir locken sie nicht an, weil wir ihnen eine Party bieten. Diskjockey zu sein, das können die anderen besser! Wir sind Mönche. Wir sagen: Kommt zu uns, bei uns lernt ihr beten! Das ist unsere Kompetenz. Wir führen euch zu Gott. Und die Jugendlichen kommen, sie strömen herbei und knien vor dem Allerheiligsten und beten an. Als ich 1982 in Heiligenkreuz eingetreten bin, hat sogar mein Heimatpfarrer gesagt: Tritt dort nicht ein, die sind rückständig und sterben bald aus, denn die singen noch den Gregorianischen Choral und beten Latein … Es ist alles ganz anders gekommen. Wir sind nicht ausgestorben, im Gegenteil. Im Jahr 2008 hat uns Universal Music für eine CD-Aufnahme ausgewählt, bei der die erste „Chant"-CD entstand, die ein Welterfolg wurde. Warum? Bei der Aufnahme haben die Mitbrüder in der Kirche vor dem Allerheiligsten gesungen. Es ist eine ganz tolle religiöse Erfahrung, dass plötzlich durch unsere „Chant"-CDs unser Gotteslob aus den Klostermauern in die ganze Welt hinaus klingen kann. Die zweite Gestalt ist Maria: Die Mutter Gottes ist der Frühling der Kirche. Wo Maria ist, ist der Heilige Geist, und wo Maria ist, da ist Jugendlichkeit. Wo Maria ist, da dürfen wir Kinder sein. Was wir heute am meisten brauchen, ist eine fröhliche Kindlichkeit. Kindlichkeit ist nicht Naivität! Man muss den Glauben gut kennen, aber so, dass man vor dem Geheimnis Gottes immer mehr zum Kind wird. Dann werden wir auch wieder geistliche Berufe haben. Es gibt doch so viele, die eine Berufung in sich tragen. Es ist unglaublich: Wir haben 208 Studenten an unserer Hochschule Heiligenkreuz, 130 davon bereiten sich auf das Priestertum vor. Viele studieren bei uns, die auf der Suche sind nach ihrer Berufung. Dauernd steht ein junger Mann da und fragt: Soll ich Priester werden? Schaffe ich das? Und dann schicken wir sie alle zur Muttergottes. Der heilige Pfarrer von Ars sagt, dass jede Berufung durch das Herz der Muttergottes geht. Sie kann uns auch heute Priester schenken, die im Zölibat brennen, weil sie sich ganz an Gott und die Menschen verschenken wollen. Weil sie wissen, dass Gott es unendlich wert ist, dass man ihm sein Leben schenkt und ihn ungeteilt liebt.

Und dann gibt es den Papst als dritte weiße Gestalt. Papst Benedikt XVI. liebt Heiligenkreuz, schon als Kardinal war er immer wieder bei uns zu Besuch. Es war wunderbar, als er am 9. September 2007 auf eigenen Wunsch zu uns gekommen ist. Als der Heilige Vater aus dem Auto ausgestiegen ist, hat er gestrahlt vor Freude. Und wir natürlich noch mehr. Und als wir den Gregorianischen Choral gesungen haben, da ist er in Meditation versunken, um der ganzen Welt zu zeigen, wie schön die uralte christliche Spiritualität ist. Wir wollen ganz mit dem Papst sein, denn dann steht man ja auf einem Felsen und hat die Garantie, dass man nicht untergeht.

Und jetzt noch das Letzte: das Apostolat. Das Testament des Herrn, das er auf dem Ölberg sagt, lautet: Geht hinaus in die ganze Welt! Ite! Macht alle Menschen zu meinen Jüngern! Hat Jesus irgendwann gesagt, dass das Christentum eine Religion der privaten Elite ist, dass er einen kleinen Geheimzirkel gründen möchte? Hat Jesus irgendwann gesagt, dass die Moslems, die zu uns kommen, nicht auch etwas von Christus hören sollten? Es ist bedrückend zu wissen, dass wir an der Hochschule Heiligenkreuz den einzigen Katechistenkurs haben, der sich um die Katechetisierung von Muslimen kümmert, die um die Taufe bitten. Ja, es gibt unter den Muslimen, die zu uns kommen, durchaus viele, die offen wären für Christus. Aber niemand erzählt ihnen etwas von diesem Jesus, der doch als Heiland aller Menschen am Kreuz gestorben ist. Gott meint mit seiner Erlösung alle Menschen. Wir müssen wieder eine missionarische Kirche werden. Natürlich fällt uns die Verkündigung hinaus in den Raum des Unglaubens schwer – auch deshalb, weil es seit der Aufklärung in Europa einen Kampf gegen das Christentum und insbesondere gegen die Kirche gibt. Deshalb sind wir europäischen Christen ja auch so verschämt und schüchtern in unserem Glauben. Liebe Christen, bitte macht Schluss mit eurem Angsthasentum und euren Minderwertigkeitskomplexen!

Jugendlichen rate ich: Entwickelt eine heilige Unverschämtheit, traut euch zu zeigen, dass ihr zu Christus gehört. Für uns Ordensleute ist das ja leicht, denn uns erkennt man ja schon am Outfit, durch das Gewand. Ich bin ein recht sturer Habit-Träger. Es ist oft ganz lustig, mit dem Ordensgewand in der Öffentlichkeit zu sein: Ich gehe durch Wien und dann kommt so eine Gruppe Halbstarker. Ich sehe schon, wie sie neugierig herschauen und flüstern und spötteln. Es ist interessant, dass sie dann oft religiöse Wörter rufen, die ihnen gerade einfallen: „Amen", „Jesus", „Halleluja" … Offensichtlich löst der Anblick eines Geistlichen etwas in ihnen aus! Und dann gehe ich einfach durch die Gruppe hindurch und sage laut und freundlich: „Hallo!" oder „Servus, wie geht es euch?" Das sorgt immer für kräftige Verblüffung: Der große Pinguin spricht ja sogar! Also bitte: Nur Mut, keine Angst. Unser öffentliches Zeugnis ist ganz wichtig, denn Gott – so sagt das Zweite Vatikanische Konzil – wollte ja nicht Welt in der Kirche, sondern er wollte Kirche in der Welt von heute. Und wir gehören hinaus in die Welt, auf die Menschen zu!

Und noch einmal zum Zweiten Vatikanischen Konzil. Dieses hat ein wunderbares Dekret über das Laienapostolat verabschiedet. Laienapostolat heißt nicht, dass die Laien – also die Glieder des heiligen Volkes (griechisch „laos") Gottes – den Priester ersetzen oder gar vertreiben sollen. Es meint damit, Getaufte und Gefirmte als Apostel hinaus in die Welt zu senden. Das Dekret heißt „Apostolicam actuositatem". Da steht der Begriff Aktivität dahinter. Das Dekret heißt nicht „Apostolicam passivitatem", sondern „actuositatem". Das Konzil will, dass wir hinausgehen in die Welt. Es ist wirklich kein Hochmut, wenn wir mit unseren Talenten wuchern, wenn wir sie vermehren. In Heiligenkreuz erleben wir viel Gnade, viel Wachstum. Ich muss aber auch sagen: Was bei uns lebt, ist durch viele Tränen, ist durch viele Opfer, ist durch Treue und durch Sühne erkauft worden. Aber eines ist gewiss: Gott will uns Zukunft schenken, er will alle retten, und er will es durch uns tun. So bieten wir ihm doch großmütig unseren Einsatz an. Jeder von euch soll also mit den Talenten wuchern, die Gott ihm verliehen hat. Zur Ehre Gottes, zur Freude der seligsten Jungfrau und Gottesmutter Maria und zur Ausbreitung der Liebe Gottes auf Erden.

3.

Dein Leben
hat ein Ziel

Unser Leben hat ein Ziel. Wir sind als Christen der Religion des großen Zieles dazu berufen, an den Gott zu glauben, der uns durch seinen Sohn ein ewiges Leben bereitet hat. Gott ist nicht deshalb Mensch geworden, damit es uns hier auf Erden besser geht – das will er auch. Er ist deshalb Mensch geworden, ans Kreuz gegangen und von den Toten auferstanden, um unsere Perspektive auf den Himmel zu öffnen. Der Himmel. Er möchte, dass wir in den Himmel kommen. Der Begriff Himmel ist heute für viele unverständlich geworden. Unter Himmel versteht man nur noch das da oben, diese Spiegelung der Luft, die verhindert, dass wir ins Weltall hinaussehen, so wie es am Abend möglich ist: Wenn es finster ist, dann sehen wir hinaus in den gestirnten Himmel. Ich durfte am 11. August 1998 die Sonnenfinsternis sehr eindrucksvoll in der Kernzone erleben. Da hat man dann plötzlich in dem Augenblick, als sich der Mond vor die Sonne geschoben hatte, wirklich den Nachthimmel gesehen und festgestellt, dass das alles nur ein Spiegel ist. Das meinen wir nicht mit Himmel, wenn wir sagen: Vater unser im Himmel. Das ist nicht das, was wir in der Theologie mit Himmel meinen. Mit Himmel meinen wir die Gemeinschaft mit Gott. Das Christentum ist die Religion, die uns die Sehnsucht nach dem Himmel offenhalten möchte. Das Christentum ist theologisch gesprochen eine eschatologische Religion. „Eschatologie" ist griechisch: Das ist die Lehre von den letzten Dingen. Sie möchte uns auf das letzte entscheidende Ziel des Lebens ausrichten. Übrigens interessant: Wir sprechen im Deutschen von den letzten Dingen Himmel, Hölle, Tod, Fegefeuer, Gericht usw. – aber gerade das sind keine Dinge. Ein Mikrofon ist ein Ding, eine Orchidee ist ein Ding – aber das andere sind Zustände. Im Griechischen und im Lateinischen wird das anders ausgedrückt: Im Griechischen heißt all das, was uns dann erwartet, „eschata", das Letzte, und im Lateinischen heißt es interessanterweise „novissima", das Allerneueste. Denn das Letzte, das uns erwartet, wenn wir so leben, dass es Gott gefällt – hoffentlich einmal der Himmel für uns alle – das, wozu wir eigentlich auf Erden sind –, das ist das Allerneueste. Das ist das Spannende, das uns erwartet, denn im Himmel wird uns nicht langweilig werden, da haben wir das ewige Glück durch die Gemeinschaft mit Gott. Wir beten in jedem Vaterunser als zweite Bitte: Dein Reich komme. Maranatha. Ich habe gleich das erste Kapitel in meinem Buch: „Wer glaubt, wird selig" über das Sterben geschrieben. Dieses Buch wird sehr viel gelesen. Gestern sagte sogar eine Köchin bei uns im Stift: „Pater Karl, ich lese Ihr Buch." Sage ich: „Schön." „Aber was Sie immer mit dem Sterben haben – muss man denn so viel über das Sterben reden?" „Ja, muss man!" Ich habe immer wieder bemerkt, dass in dieser Gesellschaft, in der wir den Tod verdrängen, das Thema Sterben vielfach tabu ist und dass wir uns deshalb Lebensqualität wegnehmen. Natürlich kann man das Thema ausblenden. Man kann so leben, als hätte man 100, 150 oder sonst wie viele Jahre, als würde es keinen Tod geben. Aber irgendwann kommt er – und dann ist es da, das Erschrecken, die Konfrontation mit dem Unvermeidlichen: Wenn ein lieber Mensch aus der Verwandtschaft krank wird, stirbt oder wenn man vielleicht selber die Diagnose bekommt, dass man eine schwere, vielleicht sogar unheilbare Krankheit hat. Das ist eine Realität, der wir ganz einfach ausgesetzt sind. Wenn wir sie verdrängen, nehmen wir uns selber etwas weg. Wir müssen darüber reden, denn darum geht es auch im Christentum. Jesus ist nicht gekommen, um sich hier einen irdischen Palast bauen zu lassen, sondern er ist gekommen, um für uns zu leiden und qualvoll zu sterben. Einen der allerqualvollsten Tode, die man sich vorstellen kann.

Leider sprechen auch wir Priester viel zu wenig über das, was uns nach dem Tod erwartet und dass wir auch darüber nachdenken sollten. In der Bibel ist das anders. Wenn Sie in den Evangelien nachlesen, wie oft Jesus davon spricht: Seid wachsam. Ihr kennt weder den Tag noch die Stunde. Gott wird kommen wie ein Dieb in der Nacht. Und in den Paulusbriefen heißt es permanent: Seid wachsam. Also blendet das nicht einfach aus, sondern nehmt das in euer Leben hinein. Warum blenden wir das so gerne aus? Weil wir nicht wirklich an den Himmel glauben. Ich glaube, das ist der Hauptgrund. Weil wir nicht wirklich die Überzeugung haben, dass uns nach diesem Leben eine Ewigkeit mit Gott bereitet ist. Wenn wir die atheistische Weltsicht eingeatmet haben, dass mit dem Tod alles aus ist, und diese Sicht uns innerlich schon vergiftet hat, dann werden wir in die Haltung verfallen, dass man jetzt auf Erden alles ausnutzen muss. Dann hat man instinktiv im Hinterkopf: Um Gottes willen. Oder Gott kommt dann vielleicht gar nicht vor im „Gottes willen". Ja, dieser Gedanke ist schrecklich! Ich habe nur diese 80, 90 Jahre. Und bei vielen sind es ja auch weit weniger Jahre, in denen sie alles ausnutzen müssen, was ihnen hier an Lust oder Freude zur Verfügung steht. Und deshalb sind die Leute permanent so frustriert. Natürlich kannst du das ausnutzen, was dir Freude bereitet, das Leben ist schön.

Ich esse sehr gerne. Das Schönste am Essen ist die Vorfreude darauf. Und dann riecht es schon so gut aus der Klosterküche, das zieht durch den Kreuzgang bis in unsere romanische Abteikirche. Dann setzt man sich feierlich an den Tisch und fängt an zu essen. Aber schrecklich, irgendwann geht es nicht mehr. Man ist satt. Dann ist man sogar manchmal übersättigt und hat das Gefühl: Ich kann nie wieder etwas essen, so satt bin ich. Und oh Wunder: Am nächsten Tag geht es wieder. Es ist also ganz einfach: Das, was wir irdisch in uns hineinfüllen, ist vergänglich. Es befriedigt uns nicht im Letzten. Erinnern Sie sich an das sechste Kapitel im Johannesevangelium: Eure Väter haben irdisches Brot gegessen und sind wieder hungrig geworden, ich aber gebe euch ein Brot, eine Speise, die bleibt für die Ewigkeit. Eine geistige Speise. Jesus meint dort eindeutig die Eucharistie, in der er sich selbst gibt.

Auf jeden Fall müssen wir wieder darüber nachdenken, dass unser Leben begrenzt ist, und vor allem müssen wir aus der christlichen Hoffnung heraus darüber nachdenken. Mit dem Tod ist nicht alles aus, sondern nach dem Tod erwartet uns etwas Eigentliches, etwas Entscheidendes. Das ist ganz wichtig. Der heilige Benedikt, nach dessen Regeln auch wir Zisterzienser leben, sagt: Der Mönch soll sich den Tod täglich vor Augen halten, er soll also immer daran denken. Das ist sehr hilfreich.

Ich bin so veranlagt, dass ich gern viel tue, und ich möchte, dass die Sachen laufen. Mir kommen sogar beim Chorgebet Ideen. Da ich immer meinen Notizblock dabei habe, schreibe ich mir das dann schnell auf, und dann dieses noch und jenes noch ... Jesus verbietet ja auch die Aktivität nicht. Er hat nicht gesagt: Meine Jünger, geht hinaus in die ganze Welt und legt euch schlafen. Sondern er hat gesagt: Geht hinaus in die ganze Welt, verkündet allen Menschen das Evangelium. Und die Apostel sind zu Fuß gelaufen. Der Apostel Paulus hat drei große Missionsreisen unternommen, der Apostel Thomas kam bis nach Indien.

Ich bin so veranlagt, dass ich sehr dynamisch und aktiv bin. Aber da besteht dann auch die Gefahr, dass man sich in etwas hineinsteigert: Ich muss das jetzt unbedingt tun. Da hilft mir manchmal eine Betrachtung über den guten Tod. Und dazu hilft mir wieder, dass ich schon viele Menschen habe sterben sehen. Dass ich dabei war, wenn Menschen plötzlich in ihren letzten Zügen lagen, wie sich ihre Körper entspannt oder auch verkrampft haben in

der Erkenntnis, dass man einfach nichts mehr fest-
halten kann von dem, was einem bisher so wichtig
war. Du kannst nichts mitnehmen, kein Sparbuch,
keine Ehre, keinen Titel, keine Doktorurkunde,
nichts. Das musst du alles hinter dir lassen. Du
hast keine Verfügungsgewalt über die Menschen,
die dir am teuersten sind, deinen Ehemann, deine Ehefrau, deine Kinder, deine Enkelkinder, die
musst du alle loslassen. Das sind alles letztlich Dinge, die irdisch schön sind, aber nicht mitgenom-
men werden können. Und dieses Loslassen, das ist
für mich sehr wichtig. Darüber nachzudenken, was
wäre, wenn ich jetzt sterben würde. Ich habe oft
Fälle, wo die Leute in der Familie im Zwist und
in Streitigkeiten leben und nicht miteinander können. Oft wegen Bagatellen, oft wegen Geld und
Erbschaften. Zahlt sich das aus? Zahlt sich das aus
wegen dem bisschen, was man hier auf Erden hat,
jetzt in Feindschaft miteinander zu leben, in Hass,
in Streitigkeiten? Es zahlt sich nicht aus. Irgendwann werden wir alles loslassen und vor unserem
Schöpfer stehen. Das ist das Ziel unseres Lebens.
Zwei Gefahren gibt es, wenn wir an das Letzte
denken. Die erste Gefahr, die war vor Zeiten im
Christentum durchaus aktuell: Dass Christen gemeint haben, das Wichtigste am christlichen Glauben ist nur, dass wir in den Himmel kommen; das
irdische Leben ist vollkommen egal, schauen wir,
dass wir das so schnell wie möglich hinter uns
bringen und dann ab in den Himmel. Das war die
Vorstellung, die man im 19. Jahrhundert hatte.
Das 19. Jahrhundert war die Zeit der Technisie-

rung und der Industrialisierung. Und ich glaube, dass damals das Christentum und auch die katholische Kirche wirklich einen Fehler gemacht haben, indem man nur auf das Jenseits und nicht darauf geschaut hat, was auf Erden alles schiefläuft. Die Kirche hat sie damals wirklich verschlafen: die Not der Arbeiterschaft, des Proletariats, wie es Marx dann genannt hat, die Not der Menschen, die plötzlich in irdische Unrechtszustände hineingeraten sind. Als 1891 der damalige Papst Leo XIII. die erste Sozial-Enzyklika überhaupt mit dem Titel „Rerum Novarum" „Die neuen Dinge") geschrieben hat, da haben ihn kirchliche Kreise für einen Kommunisten gehalten, für einen Marxisten. Das war ihnen zu links, würde man heute sagen, weil ein Papst sich plötzlich auch um die soziale Not gekümmert hat. So war die Situation damals – heute ist das selbstverständlich.

Papst Benedikt XVI. hat eine Sozial-Enzyklika herausgegeben, gerade jetzt in diese Situation der Globalisierung hinein. Es sind neue Gesetzmäßigkeiten entstanden, kein Land kann mehr sagen: Ich gestalte meine Gesetzgebung so sozial, wie ich will. Wir stehen in einem großen Zusammenhang, der die ganze Welt betrifft. Überall werden Arbeitsprozesse ausgelagert. Weil ich für die Öffentlichkeitsarbeit zuständig bin, war ich zufällig dabei, als wir für unseren Klostergasthof neue Gewänder für die Kellner bestellt haben. Als der Hersteller von Wirtshausbekleidung zu uns kam, ein Ägypter, habe ich zu ihm gesagt: Sie werden die neuen Uniformen sicher in Ägypten produzieren lassen. Er meinte darauf: Nein, Ägypten ist viel zu teuer, unsere Produktion erfolgt in Pakistan. Das sind heute die Zusammenhänge, in denen wir leben. Die Sozial-Enzyklika des Papstes „Caritas in veritate" sagt klare Worte dazu. Man muss wirklich aufpassen, dass nicht ein neuer Monsterprozess das Soziale plötzlich völlig zerstört.

Im 19. Jahrhundert galt in der Kirche vor allem die Parole: Rette deine Seele! Es entstand der Eindruck, die Kirche sei nur für das Gebet und für die Seele da. Was die Arbeiterfrage und die Ungerechtigkeit in dieser Welt betrifft, das gehe uns gar nichts an. Das war die damalige Mentalität, leider ein großer Fehler. Aus dieser Zeit kommen auch die Missionskreuze außen an vielen Kirchen, auf die man damals diesen Spruch geschrieben hat: „Rette deine Seele!" Nun, der Spruch ist natürlich in sich nicht falsch, aber nur die Seele allein in den Himmel zu bringen, das ist eben zu wenig. Da besteht die Gefahr, bloß auf den Himmel, auf die ewige Zukunft fixiert zu sein. Kein Wunder, dass im 19. Jahrhundert ein großer Konflikt entstanden ist. Damals haben Karl Marx und dann später Lenin gesagt: Religion ist Opium des Volkes. Sie meinten: Die Reichen können sich Opium leisten, um sich über das Lebenselend hinwegzutrösten, die Armen hingegen verabreichen sich „Religion". Daraus ist der Vorwurf an die Kirche entstanden, dass die Pfarrer mit ihrer Verkündigung des Himmelreiches die Leute auf das Jenseits vertrösten. Religion als Betäubung und Rauschgift. Das Jammertal des Diesseits wird verbrämt durch irgendwelche Vertröstungen auf das Jenseits. Wir mussten in der Schule noch den Roman „1984" von George Orwell lesen, aber auch seinen noch berühmteren und auch heute noch sehr gut zu lesenden kritischen Roman „The Animal Farm" – „Die Farm der Tiere". Dort geht es darum, dass die Tiere die Bauern vertreiben und selbst die Herrschaft übernehmen. Dann aber entwickeln sich die Schweine wieder zu neuen Herrschern. Es handelt sich um eine Parabel auf den Kommunismus. Bei Orwell kommt auch ein kohlschwarzer Rabe vor, der zu den geknechteten Tieren fliegt und von oben herab den Ausgebeuteten und Ausgenutzten erzählt: Über den Bergen, da gibt es ein Land voll mit lauter Süßigkeiten. Also lasst es euch ruhig gefallen, dass ihr ausgebeutet werdet, denn einmal kommt ihr in dieses Land über den Bergen, in dem es nur Süßigkeiten gibt. Der schwarze Rabe steht für uns Priester, steht für die katholische Kirche. Es ist also eine sehr kritische Darstellung. Ich glaube aber, dass wir diese Kritik, die damals berechtigt war, heute durchaus zurückweisen dürfen.

Heute ist eindeutig erwiesen, dass nicht wir Christen die Opiumdealer sind, die die Leute beruhigen und beschwichtigen. Im Gegenteil. Heute stehen Christen überall an erster Front, wenn es um den Kampf für soziale Gerechtigkeit, um Engagement für die Elendsbekämpfung geht. Wenn man sich allein anschaut, was in unseren Kirchen, in unseren Gottesdiensten an Kollekten gesammelt wird, was in unseren Pfarrgemeinden an Gutem getan wird. Ich erinnere mich noch, wie ich 1992, als ich Pfarrer in Sulz im Wienerwald war, eine bosnische Flüchtlingsfamilie aufgenommen habe – einen Bub und sechs Frauen, ein Baby wurde dann im Pfarrhof geboren. Es war eine muslimische Familie. Damals war gerade der Balkankrieg. Und ich erlebte eine ungeheure Welle der Hilfsbereitschaft in meiner Pfarrei! Ich glaube, dass wir Christen heute eindeutig nicht mehr blind auf diesem Auge sind, sondern dass wir jetzt wirklich Gutes tun wollen.

Ich habe ein Hörbuch aufgenommen, wo ich die Weihnachtsgeschichte interpretiere. Ich erzähle einfach, was Lukas im Evangelium schildert, weil viele Leute nicht wissen, was sie zu Weihnachten feiern. Ostern wissen sie eh schon nicht mehr – da kommt der Osterhase, Weihnachten kommt das Christkind. Und dann kommen 12-jährige Kinder und sagen mir ganz stolz: Ich weiß schon, das Christkind gibt es nicht. Das Christkind gibt es! Wir feiern zu Weihnachten genau das: dass Christus als Kind gekommen ist. Viele Menschen haben keine Ahnung mehr, was die christlichen Feste bedeuten. In der Vorbereitung des Textes für dieses Hörbuch ist mir wieder eingefallen, dass damals in der Volksschule unser Volksschullehrer jedes Jahr eine weihnachtliche Feier gestaltet hat. Ich musste als kleiner Bub immer den bösen Wirt bei der Herbergssuche spielen. Ihr kennt vielleicht das Lied: „Wer klopfet an?" Mein Freund und seine Schwester kamen als heiliges Paar zur Papptür, wo ich als Wirt stand. Und dann haben Maria und Josef angeklopft, und ich musste singen: „Wer klopfet an?" – „Oh zwei gar arme Leut." – „Was wollt ihr dann?" – „Wir suchen Herberg heut. Oh, durch Gottes Lieb, wir bitten, öffnet uns doch eure Hütte." – „Oh nein, nein, nein." – „Oh lasset uns doch ein." – „Es kann nicht sein." – „Wir wollen dankbar sein." Dann sagt der Wirt noch einmal: „Nein, nein, nein, es kann nicht sein. Da geht nur fort, ihr kommt nicht rein." Schluss, Punkt, basta. Da ist mir vielleicht der Schreck in die Glieder gefahren. Diese Abwehr.

Wie soll man sich bei all der menschlichen Not heute verhalten? Ich bekomme ja sogar als besitzloser Mönch ganze Stapel von Überweisungsscheinen, die auf meinem Schreibtisch landen. Man weiß heute wirklich nicht, wo man anfangen soll zu helfen, weil die Not ja überall ständig wächst. Ich nehme mir immer meinen Vater als Vorbild. Der hat immer alle Überweisungsscheine gesammelt und dann vor Weihnachten geschaut, wo er jetzt wirklich helfen möchte. Und dann ist er ganz großzügig und sortiert nur wenige aus. Ich glaube, diese Großherzigkeit auch im sozialen caritativen Bereich ist heute wirklich zu einem Kennzeichen, zu einer Marke von uns Christen geworden. Auf dem sozialen Auge sind wir heute meist nicht mehr blind. Aber wir sind in Gefahr, auf dem zweiten Auge blind zu werden: nämlich dass für uns die Zukunft ausfällt. Früher hat man gemeint, das Wichtigste sei es, in den Himmel zu kommen. Das war falsch. Heute wiederum will man sich nur noch in diesem Leben gut einrichten. Auch das ist zu wenig. Jesus ist gekommen, um uns mehr als dieses irdische Leben zu schenken. Das erste Wort in Markus 1,14, das er während seines öffentlichen Wirkens sagt, heißt: „Nahe gekommen ist das Reich der Himmel." Und vorher sagt er: „Kehrt um." Es gibt also eine Perspektive, das ist das Reich der Himmel, die Ewigkeit bei Gott. Er kommt, damit wir in unseren Herzen umkehren und diese Perspektive ins Auge fassen.

Ich habe das Denken an den Himmel von einem alten Priester gelernt, den ich als junger Mönch auf Pastoralbesuchen begleiten durfte. Unser Pater Cornelius war eine Legende, denn er saß in der Todeszelle bei den Nazis. Er hat dem Tod ins Auge geschaut. Vielleicht hatte er deshalb so ein unglaubliches Geschick, bei Pastoralbesuchen immer das Gespräch auf das Sterben zu bringen. Und am Anfang kam meist sofort die Reaktion: „Um Gottes willen, Herr Pfarrer, Sie werden doch nicht über das Sterben reden wollen." Da war immer diese abwehrende Haltung. Ihr kennt ja den Spruch der Leute: „Hauptsache, gesund bleiben." Und ehrlich gesagt, es ist ja auch nicht wirklich notwendig, dass wir andauernd über den Tod reden. Aber ich glaube, ein Priester hat heute auch die Pflicht, den Menschen zu vermitteln: Dein Leben ist begrenzt, und wenn du nicht aufpasst und diese Perspektive der Ewigkeit ins Auge fasst, dann versäumst du etwas.

Ich habe mir auch angewöhnt zu versuchen, das Gespräch auf die Kürze des Lebens, auf die Begrenztheit, auf die Hinfälligkeit zu bringen. Da bekommt man dann auch immer diese Abwehrreaktion: „Um Gottes willen, Pater Karl, Sie sind doch noch jung, was müssen wir denn jetzt über das Sterben nachdenken." Ich glaube, man sollte es nicht ausblenden. Sonst bleibt nur diese Haltung übrig: Nütze den Tag. „Carpe diem", haben die alten Römer gesagt. Pflücke den Augenblick. Genieße den Moment. – Also, ich bin ganz fürs Genießen. Ich gehe gern schwimmen, setze mich gern auch ab und zu in einen heißen Whirlpool usw. Das ist uns Christen und auch uns Priestern ja nicht verboten, sondern Gott will ja unsere Freude. Übrigens, der heilige Thomas empfiehlt sogar ein heißes Bad als Mittel für die seelische Entspannung. Er zählt es unter den Medikamenten gegen die Traurigkeit der Seele auf. Lebensfreude, Entspannung, gut essen, gut trinken usw., das sind alles Dinge, die nicht unchristlich sind. Ich darf sie, wenn sie nicht gegen die Gebote sind, ohne schlechtes Gewissen genießen. Wir sind kein Masochistenverein, der dauernd nach Leid und Schmerzen suchen muss. Natürlich bekommt jeder sein Maß an Abtötung und Opfer, das gehört zum Leben, und das nehmen wir auch um Jesu willen gerne an. Wer ein Leben aus der Liebe heraus führt, der bekommt genügend Möglichkeiten zum Opfer, die sich im Alltag permanent ergeben. Genießen ist also okay – aber nur das Dahineilen von einem schönen irdischen Moment zum nächsten reicht nicht aus. Denn alles, was ich in dieses mein inneres Vakuum, das die Erbsünde in mir gerissen hat, hineinfülle, das kommt zwar hinein, aber es macht uns nicht satt. Es ist eine Speise, die vergeht, wie Jesus sagt. Die Welt kann das Loch nicht stopfen, das wir in unserer Seele tragen. Wir müssen die richtige, die eigentliche Speise essen. Das ist ja das Schöne am Christentum. Unlängst habe ich im Schweizerhaus mit einem jungen Banker gesessen, den ich schon jahrelang kenne. Wir sind füreinander ein bisschen eine Therapie, weil er mit seiner Lebenswelt nichts mit meiner zu tun hat. Wenn man als Kirchenmensch mit anderen Kirchenleuten zusammensitzt, dann redet man unweigerlich über die gemeinsamen Themen, also über Kirche, Bischöfe, Kloster usw. Da kommen immer wieder dieselben Probleme hoch. Und das ist so schön bei meinem Freund Simon: Er hat seine Lebenswelt, das ist die Bank und was er dort macht, seine Frau und sein erstes Kind usw. – und ich hab meine Lebenswelt, das ist das Kloster. Und das ist wirklich schön, weil wir uns gegenseitig nicht hineinsteigern, sondern wir sind in zwei verschiedenen Welten, die sich aber trotzdem gut verstehen. Und im Schweizerhaus, einem riesigen Restaurant im Prater in Wien, habe ich mir dann auch gedacht: Was bin ich froh, dass ich katholisch bin. Dass wir alles essen dürfen, dass es bei uns keine Speisevorschriften und Rituale wie in vielen anderen Religionen gibt. Gott sei Dank hat der Herr in der Apostelgeschichte dem Apostel Petrus gesagt: Was ich rein genannt habe, das nenne du nicht unrein. Und dass unsere Religion sich an solche Vorschriften und Regeln nicht hängt. Das muss man auch einmal bedenken.

Gestern habe ich mich geärgert, weil ich im Internet die Meldung gelesen habe, dass letztes Jahr soundsoviele tausend Katholiken aus der Kirche ausgetreten sind. Manchen Medien ist das eine große Meldung wert. Die Kirchenaustritte sind auch beängstigend, das muss man wohl sagen. Die Situation in einigen Regionen in Wien ist schon fast dramatisch. In den Schulklassen gibt es kaum noch katholische Jugendliche. Entweder sind es Kinder von Eltern, die aus der Kirche ausgetreten sind, also kein Bekenntnis haben. Oder es sind Kinder von Zuwanderern mit anderer Religion. Und das sind die Jugendlichen, die in Zukunft unsere Gesellschaft tragen werden. Trotzdem habe ich mich über diese Meldung von den Kirchenaustritten geärgert, weil dann immer wieder der Kirchenbeitrag – die sogenannte „Kirchensteuer" – angeführt wird. Was ist einem eine Religion wert, wenn man um des Geldes wegen dazugehört oder nicht dazugehört?! Wir haben in Österreich neun kirchliche Feiertage im Jahr, für welche die Leute Lohn und Gehalt ausgezahlt bekommen. Das ist mehr als diese Null-komma-irgendetwas-Prozent, die der Kirchenbeitrag ausmacht. Die Gesellschaft profitiert von der zumindest noch kulturell vorhandenen Christlichkeit unseres Landes. Und ich bin sicher, wenn die Feiertage abgeschafft werden, gibt es keinen Ersatz dafür. Die Wirtschaft wird sich alles sofort unter den Nagel reißen und nicht erlauben, dass diese Tage arbeitsfrei sind.

Die Gefahr, dass wir die Zukunft vergessen, das ist die Religiosität der Konsumzivilisation. Pflücke den Augenblick. Uns geht es so gut. Plenus venter non studet libenter – Ein voller Bauch studiert nicht gern, sagt man. Und ein voller Bauch, warum soll der denn daran denken, dass das einmal alles vorbei ist.

Sehr kritisch sehe ich übrigens die Vorstellung der Reinkarnation, der Wiedergeburt, der Seelenwanderung. Es handelt sich um die Vorstellung, dass unsere Seele nicht nur einmal lebt, sondern dass sie durch verschiedene Stadien der Geschichte immer wieder in einem anderen Leib zurückkommt. Die heutigen Wiedergeburtsvorstellungen kommen aus dem Osten und sind in der Esoterik beheimatet. Ich habe viele Leute kennengelernt, die mir unter dem Siegel der Verschwiegenheit zugeflüstert haben, dass sie schon einmal gelebt hätten und ein persischer Prinz oder eine ägyptische Prinzessin gewesen seien ... Ich finde das verständlich: Wir leben in einer Welt, wo wir zig Fernsehprogramme haben und wo wir von aller möglichen Science Fiction überflutet werden. Dass man dann solche Fantasien entwickeln kann, ist nichts Außergewöhnliches. Es sind aber reine Fantasien. Erstaunlich ist ja, dass mir bisher immer nur frühere ägyptische Prinzessin begegnet sind, noch nie eine ägyptische Putzfrau. Es muss also nur so gewimmelt haben von Prinzessinnen.

Es gibt aber auch etwas Positives an diesen Fantasievorstellungen: Der Glaube an die Reinkarnation bezeugt die Sehnsucht des menschlichen Herzens nach einem Leben nach dem Tod. Irgendetwas in uns kann nicht akzeptieren, dass mit dem Tod alles aus sein soll. Wir haben in uns einen Instinkt, so sagt es auch das Zweite Vatikanum, der sich dagegen wehrt, dass mit dem Tod ein völliges Erlöschen kommt. Und deshalb kommen dann solche fantasievollen Vorstellungen auf: Schade, jetzt ist das Leben aus; wie schön wäre es, wenn ich noch ein paar Mal so leben könnte.

Im Osten, wo diese Vorstellung in den Religionen sehr stark beheimatet ist, gibt es einen ganz großen Unterschied zu der Reinkarnationsvorstellung, wie sie New Age und die Esoterik bei uns im Westen entwickelt haben. Bei uns geht es um das schöne Leben, das man noch ein paar Mal in einer Kette von verschiedenen geschichtlichen Zuständen leben kann. Man tröstet sich mit dem Gedanken der Wiedergeburt. Ganz anders im Osten: Dort ist es das Schlimmste, was einem passieren kann, dass man wiedergeboren wird. Dort möchte man raus aus dem ewigen Kreislauf, dem sogenannten „Samsara" des Immer-Wieder. Man wird nur dann wiedergeboren, wenn man noch nicht vom bösen Karma geläutert ist. Das eigentliche Ziel ist das Nirwana, das völlige Verlöschen der Grenzen zwischen ewig und zeitlich. Und noch einen großen Unterschied gibt es im östlichen Denken: Dort kann man auch als Tier wiedergeboren werden. Das hat unsere Wellness-Esoterik natürlich nicht übernommen, es wäre ja nicht wünschenswert, als Ameise wiederzukommen. Im Osten kann es dir passieren, dass du auf einmal eine Heuschrecke bist, wenn du schlecht gelebt hast. Ich erzähle auch immer das Erlebnis von unserem Pater Robert, der aus Sri Lanka stammt. Als sein Vater in

Sri Lanka gestorben war, da waren die buddhistischen Angestellten am nächsten Tag plötzlich ganz aufgeregt, weil eine Kobra in das Haus gekrochen war. Die Kobra wird in Sri Lanka gefürchtet, aber zugleich auch verehrt. Die Angestellten waren der Überzeugung, dass das jetzt der Vater ist, der in der Gestalt dieses edlen Tieres wieder sein Haus und seine Familie besucht. Eine solche Vorstellung macht westlichen Menschen natürlich Angst, deshalb hat man sie weggelassen, als man die Seelenwanderung in die Esoterik importiert hat.

Vielleicht predigen wir Priester auch viel zu wenig über das, was uns nach dem Tod erwartet, sodass sich auch viele Christen dann solchen Fantasievorstellungen zuwenden. Wir glauben, dass wir ein einziges Mal leben. Unser Leben ist eine Linie, von der Zeugung bis zum Tod. Wir entstehen aus der Liebe unserer Eltern heraus in dem Augenblick, wo Ei und Samenzelle sich vereinigen. Und wir leben nicht eine Kette von verschiedenen Leben, wo die Seele von einem Leib zum anderen weiterwandert. Darum hat der Leib auch Anteil an der unendlichen Würde der Seele. In Einheit mit diesem Leib leben wir dann 70, 80 Jahre – manchmal mehr, manchmal leider auch viel weniger Jahre – auf der Erde. Mit unserem Tod tritt unsere Seele hinüber in die Ewigkeit. Es gibt also nicht einen Zyklus des Immer-Wieder, sondern uns erwartet eine endgültige Gemeinschaft mit Gott. Wir sind nicht dazu verdammt, mehrere Leben hintereinander zu leben, wie ein Hamster, der in seinem Rad herumläuft und an kein Ende kommt und sich selbst erschöpft.

Um gut zu leben, brauchen wir eine Lebensorientierung, die den Tod nicht ausklammert und die voll Hoffnung ist. Ich muss dazu sagen, dass ich mich vorm Sterben fürchte. Das ist natürlich! Ich habe heiligmäßige Priester sterben sehen, die sehr fromm gelebt haben, die dann aber auch irgendwie vor dem Sterben Angst hatten. Es wäre völlig anormal, dass einer sagt: Hurra, endlich darf ich sterben! Das ist gegen unsere Natur. Wir dürfen uns ruhig wünschen, möglichst lange zu leben. Ich wünsche mir das auch, auch wenn es meine Mitbrüder vielleicht belastet, dass ich alt werde. Das Leben ist schön, ein Geschenk Gottes. Paul Claudel hat gesagt: „Und wenn ich sterbe, dann schreibt auf mein Grab: Ich habe diese Welt geliebt." Wir dürfen diese Welt lieben, wir dürfen um Gesundheit beten. Das dürfen wir alles. Aber die Realität ist, dass wir einmal sterben werden. Meine Einladung ist, dass wir auch an diesen letzten Punkt denken, der uns im Leben erwartet. Das wird uns nicht traurig machen, weil wir ja glauben, dass uns eine Ewigkeit erwartet. Nicht, weil wir selbst uns das einreden, sondern weil Christus von den Toten auferstanden ist. Das muss man immer wieder betonen. Unser Glaube an das ewige Leben ist nicht eine nette Fantasie oder eine fromme Autosuggestion zur Selbstberuhigung, sondern er gründet in einem geschichtlichen Faktum: Jesus lebt!

Daher ist nicht Weihnachten das höchste Fest der Christen, sondern Ostern. Christus beginnt zu

Weihnachten nur seine irdisch sichtbare Existenz.
Der Grund, warum er Mensch geworden ist, liegt
aber in dem, was am Ende seines Lebens geschieht:
dass er uns durch seinen Tod und seine Auferstehung eine Ewigkeit bereitet. Ostern ist das höchste Fest von uns Christen. Nichts ist vergleichbar
mit dem Osterfest. Das Weihnachtsfest, wie wir
es heute feiern, gibt es erst seit dem 4. Jahrhundert. Und so richtig zum Megakultfest der Welt,
auch der nichtchristlichen Welt, ist Weihnachten
erst ab dem 19. Jahrhundert geworden. Ostern
ist das Fest der Auferstehung. Christus ist auferstanden, nicht weil die Jünger sich das gewünscht
haben. Im Gegenteil! Die Jünger waren frustriert!
Mit der Kreuzigung ihres Meisters sind alle ihre
Hoffnungen ins Nichts weggebrochen. Sie haben
geglaubt, dass alles aus ist. Obwohl sie drei Jahre
an der Seite von Jesus waren, obwohl sie ihn über
die Gemeinschaft mit Gott haben reden hören, haben sie den Karfreitag nicht verkraftet. Die Aufer-
stehungsevangelien berichten ganz ungeschminkt
von der Frustration der Apostel: Die Jünger sind
alle in Panik und Depression, sie laufen von Jeru-
salem weg oder sie verstecken sich. Und als die
Frauen die Botschaft bringen, dass das Grab leer
ist, na, da müssen sie das selber nachprüfen, weil
sie offensichtlich grundvernünftige Rationalisten
waren. Das hat man schließlich doch noch nie gehört, dass ein Grab leer sei, weil einer von den Toten auferstanden ist. Diese ersten Zeugen der Auferstehung waren nicht leichtgläubig. Sie bestätigen
uns mit ihrem Unglauben, dass hier wirklich etwas

in der Geschichte geschehen ist. Gott hat den Tod besiegt, die Sünde besiegt, er ist wahrhaft auferstanden. Deshalb ist Ostern der Beginn der ewigen Zeitrechnung. Und deshalb hat unser Leben ein Ziel. „Seid wachsam!", ruft uns Jesus zu. „Seid wachsam!", ruft uns Paulus zu. „Seid wachsam!", ruft euch auch die Kirche und jetzt ganz konkret der Pater Karl zu. Nehmt bitte die Hoffnung auf die Ewigkeit ganz fest in euer Leben hinein.

Der Mangel an geistlichen Berufen ist ein Symptom dafür, dass bei uns der Ewigkeitsglaube schwach geworden ist. Jesus sagt ausdrücklich: Wer mir nachfolgen will, tue das um des Himmelreiches willen. Gerade bei der Ehelosigkeit gilt: Um des Himmelreiches willen. Ich bin davon überzeugt, dass mich nach dem Tod ein ewiges Leben erwartet, dass ich dort das ersetzt bekomme, worauf ich irdisch verzichte. Natürlich heißt das nicht, dass Priester-Sein eine Art Masochismus ist. Es ist sehr spannend, sehr erfüllend. Die Leute müssen nicht glauben, dass wir Ordensleute und Priester durch unsere Lebensform total alles Schöne im Leben versäumen ... Natürlich verzichten wir auf vieles. Andererseits habe ich auch Hunderte von „Kindern", das sind die Menschen, die ich betreuen darf. Ich habe auch eine große Liebe, die mich erfüllt, das ist die Liebe zu Jesus. Es ist wunderschön, Priester zu sein, es gibt nichts Schöneres. Aus der weltlichen Perspektive muss ich allerdings ehrlich sagen: Ich beneide natürlich all jene ein bisschen, die das Glück haben, verheiratet zu sein, Vater und Mutter zu sein,

Großvater und Großmutter zu sein. Wie schön muss es sein, jemanden zu haben, der zu einem sagt: Papa, Mama! Jemanden, der sich an einen kuschelt und sagt: Ich hab dich lieb. Das ist etwas ganz Großartiges. Als zölibatär lebender Priester verstehe ich deshalb überhaupt nicht, warum so eine Mentalität entstanden ist, wo Kinder nur noch als Belastung gesehen werden. Wenn ich geheiratet hätte – da hätte meine Frau natürlich mitmachen müssen –, dann hätte ich gern fünf oder sechs Kinder gehabt. Ich habe bei Hochzeiten und Taufen auch immer regelrecht Werbung für Kinder gemacht. Was gibt es Schöneres als Kinder! Ich denke, dass es mittlerweile einige Kinder auch deshalb gibt, weil der Pater Karl positiv über Kinder geredet und Mut gemacht hat. Man muss Eltern heute dazu ermutigen, dass sie sich trauen, Ja zu einem zweiten oder dritten oder gar vierten Kind zu sagen. Kinder sind doch der Schatz für die Zukunft, und sie sind der Schatz unseres Lebens. Auch wenn sie Arbeit machen und manchmal auch Sorgen bereiten: Der Gewinn an Lebensqualität durch Kinder ist größer als die Investition, die man in sie leisten muss. Ich stelle es mir wunderbar vor, Kinder zu haben. Und ich möchte euch einladen, Gott für eure Kinder zu danken. Liebt eure Kinder immer, auch und gerade dann, wenn sie euch ein bisschen herausfordern.

Wir Christen sind nicht die Drogendealer, die Vertröstung auf ein Fantasieparadies verkaufen, um die Menschen im Elend des Diesseits zu betäuben. Das Jahr 1989 hat gezeigt, wer die eigentlichen Drogendealer waren und sind. Viele wirtschaftliche Probleme, die wir heute haben, sind ja deshalb entstanden, weil durch den Einfluss des Kommunismus die Hälfte Europas verarmt ist, weil dort Machtdiktaturen ein Ungleichgewicht zwischen Arm und Reich hervorgerufen haben. Was wir persönlich brauchen, das ist letztlich die Haltung der Hoffnung auf das, was kein Auge gesehen, was kein Ohr gehört und was in keines Menschen Herz gedrungen ist: die Gemeinschaft mit Gott (vgl. 1 Korinther 2,9). Wenn wir sterben, dann ist mit dem Tod nicht alles aus, sondern dann beginnt eine ewige Gemeinschaft. Und dann gibt es auch eine absolute Gerechtigkeit.

Vielleicht hast du einen Menschen hier auf Erden, bei dem du das Gefühl hast, total geliebt zu werden. Vielleicht hast du aber auch das Gefühl, dass du nicht so geschätzt und geliebt wirst, wie es deinem Wert entspricht. Da kann ich dir wirklich mit den Worten Jesu versprechen, dass das bei Gott einmal anders sein wird. Er wird uns richten, er wird uns recht machen. Er kennt unsere Taten. In der Apokalypse sagt Christus in den Sendschreiben an die Gemeinden immer wieder: „Ich kenne dich, ich kenne deine Werke!" (Offenbarung 2,19 u. ö.). Gott kennt dich. Er kennt dich wirklich, er kennt deine guten Seiten und er kennt deine schlechten Seiten. Er kennt dich so sehr, dass er um deiner schlechten Seiten willen am Kreuz gestorben ist. Wenn du deine Sünden bereust, brauchst du vor ihnen keine Angst mehr zu haben, dann hat das Böse in dir seine Macht verloren. Gott kennt das Gute in dir, und er möchte dir ewiges Leben schenken.

Halte also fest: Es gibt eine Ewigkeit, es gibt eine ewige Gerechtigkeit, du lebst eigentlich für den Himmel. Daraus wirst du Kraft schöpfen für die Zukunft. Du wirst lernen, dich nicht so in die Dinge dieser Welt zu verbeißen, du kannst plötzlich alles ganz locker sehen. Unser Leben ist ja immer nur ein Fragment: Das eine gelingt, das andere gelingt nicht, das dritte wieder nur ein bisschen. Okay! Der Frust, den viele in sich tragen, kommt daher, dass sie keine Ewigkeitsperspektive haben. Mir geht es oft so, dass ich mich regelrecht in ein Projekt hineinsteigere, ja hinein verbeiße. Wenn ich so unter Hochdruck stehe, dann hilft es mir, wenn ich mir die Frage stelle: „Was nützt das für die Ewigkeit?" Das kühlt mich wieder runter. Denn was nützt es wirklich, wenn ich mich jetzt so hemmungslos in eine Sache hinein verliere, wenn ich meinen Willen gewaltsam gegen andere durchsetze … Was wird denn einmal von dieser Sache, die ich jetzt so vehement anstrebe, bleiben für die Ewigkeit?!

Bei vielen Vorträgen habe ich auch schon ein Wort zitiert, das ein Salesianer mal gesagt hat, der bei unserer Toten-Liturgie dabei war. Der liebe Gott wollte ja, dass im Jahr 2008 unsere Toten-Liturgie von Heiligenkreuz durch die CD „Chant – Music for Paradise" plötzlich zu einem Welterfolg geworden ist – seither sind wir lustigerweise als „Singende Mönche" bekannt. Für uns Zisterzienser in Heiligenkreuz ist ein Begräbnis ein besonders berührendes Erlebnis, denn da hat ja ein Mitbruder das eigentliche Ziel seines irdischen Lebens erreicht.

Da öffnen sich für ihn die Pforten des Paradieses. Auf der ersten Chant-CD haben wir gesungen: „In paradisum deducant te angeli! Ins Paradies mögen Engel dich geleiten." Diese feierliche und fröhliche Totenliturgie wurde auf der ganzen Welt zu einem Millionenerfolg. Obwohl viele Menschen natürlich nicht verstanden haben, was wir da vom lateinischen Text her singen und einfach von der Musik begeistert waren, hat mir das persönlich viel Freude gemacht. Es ist mir ja ein Anliegen, dass wir unsere Verstorbenen nicht vergessen, sondern mit ihnen verbunden bleiben, dass wir für sie beten.

Unsere Toten-Liturgie in Heiligenkreuz ist sehr ausführlich, ein Begräbnis dauert bei uns über zwei Stunden. Wir tragen den Verstorbenen von der Totenkapelle über den Hof in die Abteikirche, dann ist das feierliche Requiem, danach die Aussegnung und dann geht es wieder in Prozession hinaus auf den Friedhof. Dort knien wir alle vor dem offenen Grab nieder, beten für den Mitbruder, besprengen den Sarg mit Weihwasser, dann ziehen alle einhundert Mönche am offenen Grab vorbei und werfen Erde hinein – das dauert halt. Und dann ziehen wir in die Abteikirche zurück, knien in der leeren Kirche nieder und beten noch einmal, dass der liebe Gott im Himmel dem Toten das ewige Leben schenken möge. Bei so einem Mönchsbegräbnis war einmal ein Salesianer dabei. Bei denen dauert das Begräbnis nicht so endlos lange. Er hat dann schmunzelnd gesagt: „Wow, ihr feiert das aber ordentlich, wenn ihr einen Mitbruder losgeworden seid!" Mit ein bisschen

Variation steckt in diesem Scherz eine tiefe theologische Wahrheit: Ja, wir feiern das wirklich ordentlich, wenn wir jemanden drüben im Himmel haben, am Ziel seines Lebens, bei Gott. Ich habe schon oft Begräbnisse auf dem Zentralfriedhof in Wien erlebt, wo gerade noch die Kernfamilie kommt. Ich habe ein Begräbnis erlebt, wo ich mit dem Totengräber den Sarg selbst ins Grab gesenkt habe, wir waren nur zu zweit, weil niemand von der Familie kommen wollte. Dem müssen wir entgegenhalten: Ein Begräbnis ist nicht eine Entsorgung von Biomüll, nein! Hier geht es um etwas, was wir ruhig ordentlich begehen, ja feiern sollen, weil wir ja glauben, dass ein Mensch das eigentliche Ziel seines Lebens erreicht hat.

4.

Mensch,
bete doch mal

*Pater Karl Wallner über die Wiederentdeckung
des Rosenkranzgebets als Weg zu Gott, den Unterschied zu Amuletten und Steinen und das Gebet einer Seligen für Gorbatschow. Das Gespräch
führte Michael Ragg vom weltweiten katholischen
Hilfswerk „Kirche in Not".*

**In Ihrem Buch „Sinn und Glück im Glau-
ben" preisen Sie unter anderem eine Ge-
betsform an, die fast ausgestorben schien,
in jüngster Zeit aber neue Anhänger findet:
das Rosenkranzgebet. Warum liegt es Ihnen so am Herzen?**

Der Rosenkranz ist mir ein persönliches Anliegen,
weil ich durch ihn als Jugendlicher selbst ganz tief
den Zugang zum Glauben gefunden habe.

Was haben Sie damals erlebt?

Ich bin auf den Rosenkranz gestoßen, weil der immer am Freitag Abend in unserer Dorfkirche vor
der Abendmesse gebetet wurde. Am Anfang emp-
fand ich ihn als fad und langweilig, aber mit der
Zeit habe ich gerade dadurch so richtig beten gelernt. Plötzlich ist ein „Du" vor mir aufgetaucht,
plötzlich wurde Jesus zum „Du" für mich. Durch
die Vermittlung der Muttergottes entwickelte sich
eine Beziehung meiner Seele zu Gott. Das war
ein Schlüssel-Ereignis in meinem Leben, durch
das ich erst richtig gläubig und richtig Christ geworden bin.

Kurz gefasst: Was heißt eigentlich Rosenkranzbeten?

Ich trage immer einen sehr einfachen Rosenkranz aus Plastik bei mir. Es gibt sehr kunstvolle Rosenkränze. Aber solch schöne Rosenkränze hängt man sich meistens nur an die Wand, legt sie in Schubladen oder hängt sie hinter den Autospiegel. Mein Plastikrosenkranz ist sehr widerstandsfähig. Er ist ein geweihter Gegenstand, aber er dient vor allem dem Gebrauch. Und er ist ganz leicht zu beten: Man lässt die Gebetsschnur durch die Finger gleiten. Wo das Kreuz ist, betet man das Glaubensbekenntnis, die größeren Perlen sind ein „Vater unser" und die kleineren Perlen ein „Gegrüßet seist du, Maria". Im Ganzen besteht der Rosenkranz aus fünfmal zehn „Gegrüßet seist du, Maria", die jeweils durch ein „Ehre sei dem Vater" und ein „Vater unser" unterbrochen werden. Die fünf Teile werden „Gesätze" genannt, bei jedem Gesätz bedenkt und meditiert man ein anderes Geheimnis aus dem Leben Jesu.

Was da gebetet wird, das Vaterunser und das Ave Maria, ist ja alles gut biblisch fundiert. Nur an einer Stelle im Ave Maria haben vor allem protestantische Christen Bedenken, wenn es heißt: „Maria, Mutter Gottes, bitte für uns Sünder." Sie sagen dann, warum brauche ich die Gottesmutter Maria, die für mich bittet? Ich kann mich doch direkt an Gott selbst wenden.

Tatsächlich ist es so, dass der Rosenkranz vielleicht das biblischste Gebet ist, das wir Christen kennen. Denn das Vaterunser ist ja das Gebet, das uns die Heilige Schrift selbst als Lehrgebet Jesu überliefert, und der erste Teil des Ave Maria besteht aus zwei zusammengefügten Bibelworten des Lukasevangeliums. Die Marienverehrung ist ja keine Erfindung von uns Katholiken, sondern letztlich eine Erfindung Gottes, des Schöpfers, der uns erlösen wollte. Er lässt die Frau in Nazaret grüßen mit den Worten des Engels: „Gegrüßet seist du, Maria, voll der Gnade, der Herr ist mit dir." Das zweite biblische Wort, das eingefügt ist, wieder aus dem Lukasevangelium, ist der Gruß, den Elisabet Maria sagt: „Du bist gebenedeit" – also gesegnet – „unter den Frauen, und gebenedeit ist die Frucht deines Leibes." Übrigens hat Martin Luther einen wunderbaren Magnifikat-Kommentar geschrieben, und er bejaht alle Marien-Dogmen, die wir haben. Allerdings, was er am „Gegrüßet seist du, Maria" nicht mehr mit vollziehen konnte, das ist der zweite Teil, wo wir Maria um ihre Fürsprache bitten: „Heilige Maria, Mutter Gottes, bitte für uns Sünder, jetzt und in der Stunde unseres Todes. Amen." Das ist schade, denn die Fürbitte ist ja etwas, das jeder Mensch kann, besonders natürlich die Heiligen.

Warum braucht es diese Fürbitte Marias?

Gott wollte zu uns Menschen in diese Welt hinabsteigen. Er wollte hier in dieser Welt konkret gegenwärtig werden, in einer menschlichen Seinsweise, mit einem menschlichen Leib, in einer wirklich menschlichen Existenz als Jude, aus einer Frau geboren. Die älteste biblische Erwähnung Mariens im Galaterbrief 4,4 bezieht sich darauf. Um bei uns zu sein, verwendet Gott gleichsam Stufen des Abstiegs, und eine davon ist Maria. Und deshalb glauben wir, dass Maria, durch die Gott zu uns abgestiegen ist, auch der Weg ist, wie wir zu Gott aufsteigen können. Maria ist daher nie Konkurrenz zu Jesus!

Es geht also nicht darum, einen unnahbaren Gott zu erweichen und seine harten Entscheidungen durch Marias Einfluss abzumildern?

Gott ist unendlich barmherzig, das hat er uns durch die Hingabe seines einzigen Sohnes gezeigt. Es ist aber auch Ausdruck seiner Barmherzigkeit, dass er uns Zugänge zu sich eröffnet, die tief im Menschlichen verwurzelt sind. Ich glaube, dass Gott-der-Erlöser, also der Sohn, Gott-den-Schöpfer, also den Vater, nicht verleugnet oder blamiert. Schon der Schöpfer hat jeden Menschen in einer bestimmten psychologischen Liebesfähigkeit auf seine Mutter hin geschaffen. Das Bezogensein auf das Mütterliche ist eine allgemeine geschöpfliche Kategorie in uns Menschen. Wenn der ewige Sohn des ewigen Vaters nun Mensch wird und den Raum der Erlösung eröffnet, dann wird dieses Mütterliche nicht abgeschafft, sondern nochmals erhöht. Unser Liebe zur Mutter Christi wird zu einem menschlich-warmen Zugang zum einzigen Erlöser Jesus Christus.

Nun verändert sich unsere Welt, verglichen mit früheren Jahrhunderten, geradezu atemberaubend schnell. Da schätzen viele Menschen etwas Althergebrachtes wie den Rosenkranz. Woher kommt er eigentlich?

Der Rosenkranz ist eine biblische Meditation, die bereits aus dem Mittelalter stammt. Die spannende Geschichte beginnt bei uns Zisterziensermönchen. Sie sehen ja hier einen 950 Jahre alten Mönch vor sich. Also ich selbst bin nicht so alt, aber mein Orden ist es bereits. In den Klöstern wurden immer die Psalmen gebetet. Gerade bei uns Zisterziensern kamen im Mittelalter sehr viele Laienmönche dazu, die des Lateinischen nicht mehr mächtig waren. Ihnen hat man dann erlaubt, nicht die 150 Psalmen, sondern zunächst einmal 150 Vaterunser zu beten. Diese wurden aufgeteilt auf drei Teile, also auf dreimal fünfzig. Und dann ist man vom Vaterunser gewechselt auf das kürzere Ave Maria. So ist zwischen dem 12. und 14. Jahrhundert der Rosenkranz entstanden. Er ist dann schnell aus den Klöstern hinausgegangen und wurde dank der Dominikaner zu einer beliebten Frömmigkeitsform des Volkes Gottes.

Den großen Durchbruch brachte ausgerechnet eine Seeschlacht ...

Ja, das war 1571 die Seeschlacht bei Lepanto, wo der heilige Papst Pius V. die ganze Kirche zum Rosenkranzgebet aufgerufen hat. Die Situation war schier aussichtslos, weil die christlichen Mächte in Europa zerstritten waren. Und dann kam überraschend der Sieg über das türkische Heer am 7. Oktober. Heute feiert die Kirche an diesem Tag das Fest des Rosenkranzes.

Diese Funktion des Sturmgebetes hat der Rosenkranz ja auch nach dem Zweiten Weltkrieg in ihrer österreichischen Heimat erhalten.

Österreich ist das einzige Land, das aus der kommunistischen Machtsphäre nach dem Zweiten

Weltkrieg freigekommen ist – ohne irgendwelche gewaltsamen Ereignisse. Denken wir nur, wie es bis 1989 Ungarn, der Tschechoslowakei, der DDR und den übrigen Satellitenstaaten der Sowjetunion ergangen ist. Aus Österreich hingegen sind die Russen 1955 überraschend abgezogen. Das führen viele auf eine Gebetsbewegung zurück, den Rosenkranz-Sühnekreuzzug, den der Franziskaner Petrus Pawlicek gegründet hat. Da sind Zehntausende, ja Hunderttausende Österreicher betend über die Wiener Ring-Straße gezogen, auf der noch die vier Besatzungsmächte patrouillierten. Wir Österreicher schreiben es wirklich der Fürbitte der Muttergottes zu, dass wir 1955 diesen Staatsvertrag bekommen haben, der uns sehr rasch zu einem freien Land werden ließ. Der damalige österreichische Bundeskanzler Leopold Figl war selbst einer der eifrigsten Rosenkranzbeter.

Ihrem Buch „Sinn und Glück im Glauben" kann man entnehmen, dass Sie auch in Ihrem Kloster den Rosenkranz als Sturmgebet eingesetzt haben. Sie haben nämlich um Novizen gebetet, um Neueintritte in den Orden. Erfolgreich?

Ich glaube, dass alle meine Mitbrüder täglich den Rosenkranz beten. Da wir gemeinsam drei Stunden Chorgebet haben, ist es jedem freigestellt, wann er ihn betet. Dass wir so viele Berufungen haben, ist ein Wunder Gottes. Wir haben viele Eintritte, und wir brauchen sie ja auch, weil Gott uns viele Aufgaben gegeben hat, bis hin zu einer großen Hochschule. Ich glaube, das kommt daher, dass wir am Abend, nach der Komplet, vor dem Allerheiligsten knien und vor dem Allerheiligsten noch den Rosenkranz beten. Er ist einfach das wirksamste Gebet, das es überhaupt gibt.

Hätten Sie nicht auch einfach in Ihre Kirche gehen können und sagen: „Lieber Gott, schick uns Novizen"!? Gibt es tatsächlich Gebete, die wirksamer sind als andere?

Vom subjektiven Erleben her: Ja! Es wäre natürlich falsch, Gebete gegeneinander auszuspielen. Als Mönch stehe ich ja jeden Tag drei Stunden beim Chorgebet. Das Chorgebet, so hat es der Heilige Vater auch am 9. September 2007 bei seinem Besuch im Kloster Heiligenkreuz definiert, ist zweckfrei. Wir Mönche preisen Gott einfach im Psalmengesang, weil er gut ist. Wir wollen nichts von ihm. Wir sagen ihm einfach: Du bist wunderbar. Wir stehen beim Gebet, um der ganzen Menschheit einen Mund zu geben, der Gott lobt und preist. Der Rosenkranz hingegen ist ein zielgerichtetes Gebet, das eine gewisse Wirkung erzielen möchte. Zumindest bete ich ihn so. Für mich ist er das Bittgebet schlechthin. Weil es mir als Sechzehn-/Siebzehnjähriger beim Rosenkranzbeten so fad war, habe ich bei jedem

„Gegrüßet seist du, Maria" an jemand anderen gedacht. Dann ist die Zeit schnell vergangen – und mein Verhältnis zu den Anderen hat sich verbessert. Oder: Ich war ein bisschen ein Streber in der Schule, habe immer ein „sehr gut" gehabt und wollte das auch. Ich habe dann auch vor Schularbeiten gezielt gebetet, etwa in Mathematik, was immer grauenhaft für mich war. Ich habe sogar dort mit „sehr gut" das Abitur abgeschlossen. Also es funktioniert einfach. Und ich habe das immer wieder bei den Jugendlichen auch so propagiert: Wenn du in der Schule Probleme hast, dann lerne eifrig, aber zugleich bete vor der Prüfung auch ein Gesätzchen Rosenkranz – oder den ganzen. Und wie oft sind dann schon die Jugendlichen zu mir gekommen: „Mensch, Pater Karl, voll cool, es hat funktioniert!" Der Rosenkranz wirkt, es ist einfach so!

Abschreckend wirken ja oft die vielen Wiederholungen, obwohl man das bei den heute so beliebten fernöstlichen Gebetsformen ja auch kennt. Was gewinnt man denn durch das Wiederholen?

Es ist schwer, jemandem den Geschmack eines Wiener Schnitzels zu erklären, der noch nie eines gegessen hat. Den Geschmack lernt man nur kennen, wenn man mal herzhaft zubeißt. Und dasselbe rate ich beim Rosenkranz: einmal herzhaft zubeißen und sich ohne Scheu auf diese fünfzig

„Gegrüßet seist du, Maria" einlassen. Jugendliche sollten vielleicht einmal mit zehn „Gegrüßet seist du, Maria" beginnen, also einem Gesätzchen. Dann zeigt sich, welch hohe Wirkung diese Wiederholungen haben.

Am Anfang des Gebets habe auch ich immer einen gewissen Widerstand. Der heilige Thomas von Aquin sagt sogar: Der Mensch betet von Natur aus nicht gern. Klar, wir sind durch die Erbsünde verwundet. Der Teufel hat kein Interesse daran, dass wir eben jetzt beten und mit Gott in Verbindung kommen. Aber indem man beginnt und sich dann gleichsam Perle für Perle hineinziehen lässt, klärt sich Vieles. Man spürt hinterher immer so etwas wie eine höhere Energie, ohne dass ich das esoterisch deuten möchte; man erhält einfach mehr Gnade, Freude und Kraft durch dieses Gebet.

Das Rosenkranzbeten nimmt ja Zeit in Anspruch – und wir haben doch alle keine Zeit. Wie kann man denn dieses Gebet so in den Alltag einbauen, dass einem diese Ausrede nicht mehr zur Verfügung steht?

Zunächst einmal: Man muss sich für den Rosenkranz einfach Zeit nehmen. Viele Leute sagen, meistens als Ausrede: Ich bete etwas anderes. In Wirklichkeit beten sie oft überhaupt nichts. Du brauchst einfach auch eine bestimmte Zeit, die du dir nimmst für Gott. Und beim Rosenkranz ist das automatisch vorgegeben. Aber: Wir haben an unserer Hochschule in Heiligenkreuz mehrere Studenten aus Asien und Afrika. Mit einem Priester aus Nigeria habe ich unlängst beim Autofahren den Rosenkranz auf Englisch gebetet. Und da muss ich sagen, wir Deutschsprachigen neigen leider dazu, den Rosenkranz zu sehr zu dehnen. Das ist schlecht, denn der Rosenkranz gehört zügig gebetet, mit einem gewissen Rhythmus, damit wir hineingezogen werden in die Tiefe der Gottesbegegnung. Der Rosenkranz mit dem erwähnten Father Godwin dauerte sechzehn Minuten. Und das war auch sehr fromm.

Aber der Rosenkranz ist doch ein Betrachtungsgebet. Man betrachtet die Geheimnisse Jesu, das sind ja wahrhaft große Geheimnisse, „Jesus, der von den Toten auferstanden ist" und so weiter. Das soll aber zügig und rhythmisch gebetet werden. Wie geht das zusammen?

In Fatima hat die Muttergottes von den ganz jungen Hirtenkindern gefordert, dass sie den Rosenkranz betrachtend beten sollen. Man muss aber wissen: Auf Portugiesisch dauert ein Rosenkranz zwölf Minuten. Also sage ich Ihnen: Die Betrachtung geht auch dann, wenn man zügig betet. Ich glaube, dass wir Deutschsprachigen deshalb so ein Problem mit dem Rosenkranz haben, weil uns diese Rhythmik oft fehlt. Betrachtung ist ganz wichtig, es ist ein biblisches Gebet. Deshalb hat ja jedes Gesätzchen ein eigenes biblisches Geheimnis, das wir innerlich überdenken sollen. Damit wir mehr Auswahl zur Betrachtung haben, hat Papst Johannes Paul II. übrigens den „Lichtreichen Rosenkranz" eingeführt.

Nehmen wir zum Beispiel das Geheimnis, das Sie angesprochen haben. Dann geht's mir so, dass ich mir bei den ersten „Gegrüßet seist du, Maria" die Auferstehung der Toten vorstelle. Und dann denke ich an Verstorbene, ich denke an mein eigenes Lebensende, oder es fallen mir irgendwelche Leute ein, irgendwelche Situationen, die ich bewältigen muss. Diese Gedanken vertreibe ich nicht, sondern halte es mit Thérèse von Lisieux, die gesagt hat: Wenn dir Personen einfallen und Gedanken kommen, dann nimm sie mit hinein ins Gebet.

Manche beten den Rosenkranz als Einschlafhilfe – statt Schäfchenzählen...

Ja, das geht auch. Ich denke, es ist nicht die höchste Form, wie man den Rosenkranz beten soll, aber er hat natürlich etwas Beruhigendes. Besser als gar nicht! Manchmal bete ich auch, wenn ich nicht schlafen kann oder wenn ich zu früh aufwache und weiterschlafen möchte, den Rosenkranz.

In Ihrem Buch regen Sie an, während einer monotonen, mechanischen Tätigkeit den Rosenkranz zu beten.

Genau, zum Beispiel beim Autofahren. Ich kannte einen Priester, als der in den zweiten Gang geschaltet hat, war das erste Gesätzchen schon „im Gange". Ich glaube, das ist auch gut so. Das Autofahren ist ja eine automatisierte Tätigkeit, wo man durchaus frei wird, die Gedanken fliegen zu lassen. Das ist zwar sicher nicht die höchste Form der Konzentration, die man da fürs Gebet aufbringt, aber wieder gilt: Besser als gar nicht. Und: Besser als nur Radiohören. Freilich: Wer nur beim Autofahren oder bei monotonen Tätigkeiten als Hintergrundrauschen betet, dem rate ich doch: Nimm dir dann doch ab und zu Zeit und versuche mit voller Konzentration zu beten. Knie dich in eine leere Kirche mit Blickrichtung auf das Allerheiligste und bete den Rosenkranz. Oder setz dich in deine Wohnung mal in eine Ecke oder stehe eine Viertelstunde früher auf als normal und bete ihn.

Warum enthält der Rosenkranz die Summe des christlichen Glaubens?

Papst Johannes Paul II. hat die drei Ketten von Geheimnissen erweitert. Wir hatten bisher die Kindheit Jesu im Freudenreichen Rosenkranz, das Leiden Jesu im Schmerzhaften und den Sieg Christi über Sünde und Tod im Glorreichen Rosenkranz. Papst Johannes Paul II. hat die Mysterien des irdischen Lebens Jesu zugefügt und uns den Lichtreichen Rosenkranz geschenkt. Damit sind die Taufe Jesu, die Hochzeit zu Kana, die Verkündigung des Evangeliums, die Verklärung auf dem Tabor und das Geschenk der Eucharistie mit hineingenommen.

Vor einigen Jahren haben die kubanischen Bischöfe das Hilfswerk „Kirche in Not" gebeten, 400 000 Rosenkränze nach Kuba zu schicken. Sie sagten: Wir haben so wenige Priester, da bauen wir die Gemeinden um den Rosenkranz herum auf. Wäre das auch eine Anregung für uns, in Gegenden, in denen die Menschen nicht so leicht zum Gottesdienst können?

Ja, Hauskirche, Gebetsgruppen können die Kirche retten, weil sie den persönlichen Herzensglauben stärken. Rosenkranzbeterinnen und -beter sind eine Art „Basisgemeinde", die die Kirche geistlich aufbauen. Der heilige Pater Pio wollte viele Gebetskreise haben. Mutter Teresa von Kalkutta hat den Rosenkranz nie aus der Hand gegeben. Ich habe die inzwischen Seliggesprochene 1988 mit dem Auto chauffiert. Ich werde das nie vergessen. Mutter Teresa stieg ein und setzte sich auf den Beifahrersitz. Die Menschen drängten sich um das Auto und wollten sie noch sehen und berühren. Mutter Teresa war ganz gelassen, sie hatte keine Staralüren. Und als ich auf den zwei-

ten Gang schaltete, da zog sie schon den Rosen-
kranz heraus und sagte: „Let us pray for Mister
Gorbatschow!" Ja, für Gorbatschow! Das war ein
Jahr vor der Wende, die Perestroika und die Ereig-
nisse von 1989 waren damals nicht voraussehbar.
Und dann hat sie auf der Fahrt nach Wien mit ih-
ren Schwestern, die auf dem Rücksitz saßen, den
Rosenkranz gebetet.

Ich glaube, dass der Rosenkranz für alle Menschen
geeignet ist, ganz besonders auch für Jugendliche.
Es ist leicht zu lernen. Wir müssen nur die drei
Grundgebete können: das „Vater unser", das „Gegrüßet seist du, Maria", das „Ehre sei dem Vater",
dann noch das Fatimagebet. Jugendliche, die beten wollen, haben etwas in der Hand. Der Rosenkranz gibt uns auch ein Zeitmaß vor, denn um
mit Gott in tiefen Kontakt zu treten, braucht man
einfach Zeit. Er gibt uns auch so etwas wie eine
Bemessungsgrundlage vor: heute beginnen wir
mal mit einem Gesätzchen, dann steigern wir auf
zwei Gesätzchen, schließlich macht irgendwann
der ganze Rosenkranz kein Problem mehr. Als Jugendseelsorger sehe ich, wie junge Leute auf diese
Weise sehr schnell und sehr tief beten lernen.

**Es gibt ja Puristen, die sagen: Katholiken
brauchen immer solche Gegenstände, die
doch wirklich nicht nötig sind, wenn man
mit Gott spricht ...**

Das fragen mich auch meine Jugendlichen. Ich
gebe dann immer folgende Antwort: Der Rosen-

kranz ist gut, weil er ein sakramentaler, geweihter Gegenstand ist. Aber entscheidend ist, dass ich ihn bete! Der Rosenkranz ist kein Talismann, er wirkt nur, wenn er verwendet wird. Beim Autofahren kann ich als Lenker zum Beispiel den Rosenkranz nicht verwenden, da geht es auch so. Und der liebe Gott hat uns ja geholfen für den Fall, dass wir den Rosenkranz nicht zur Hand haben, indem er uns zehn Finger geschaffen hat. Zur Not kann ich selbstverständlich auch diese als Zählhilfe verwenden.

Heute sieht man ja den Rosenkranz wieder öfter, nicht nur beim Gebet. Viele nehmen ihn als Mode-Artikel, er wird auch in ganz normalen Modeläden für junge Mädchen verkauft und gern getragen. Ist das gut?

Naja, einerseits freue ich mich, wenn ein religiöser, katholischer Gegenstand verbreitet wird. Es ist derzeit zum Beispiel „cool", wenn man mit einem Rosenkranz um den Hals herumläuft. Ich sage ehrlich: Es ist mir lieber, wenn die Kids einen Rosenkranz tragen – auch wenn sie seine Bedeutung vielleicht nicht kennen, als wenn sie irgendwelche Amulette, abergläubische Abzeichen oder gar dämonische Tätowierungen tragen. Aber natürlich ist ein Rosenkranz, den man nur als Schmuckstück um den Hals hängen hat, doch irgendwie peinlich. So ähnlich wie Claudia Schiffer mit einem großen Kreuz auf ihrer imposanten Brust.

Mancher trägt den Rosenkranz vielleicht auch wie ein Amulett. Was ist denn der Unterschied zwischen einem geweihten Gegenstand, den der Katholik in seinem Glaubensvollzug einsetzt, und einem Amulett, einem Glücksbringer?

Die Grundstruktur der Magie ist eine andere als die des christlichen Glaubens: Mit Amuletten, Steinen und was es da in der Esoterik so alles gibt, möchte man das Göttliche, das Jenseitige, bezwingen. Man möchte die göttlichen Kräfte irgendwie instrumentalisieren und egozentrisch ausnützen. Das ist eigentlich etwas Dämonisches. Im Gegensatz dazu sind uns unsere geweihten Gegenstände von Gott geschenkt. Sie sind Hilfen, die uns der liebe Gott gibt, damit wir uns über unsere Sinne besser mit ihm verbinden können. Durch die Verwendung solcher „Sakramentalien" zwingen wir Gott nicht in unsere Gewalt. Es bleibt immer ihm überlassen, ob er auf unser Gebet antwortet. Und das ist schon ein gewaltiger Unterschied. Wir verwenden geweihte Gegenstände wie etwa den Rosenkranz, weil wir Gott lieben, und nicht, weil wir ihn erpressen wollen. Bitte betet den Rosenkranz, von Perle zu Perle empfängt man mehr Freude und mehr Kraft.

Das vorstehende Interview basiert auf einem Fernsehgespräch im Rahmen der von „Kirche in Not" produzierten Reihe „Spirit – Leben mit Stil". Eine DVD der Sendung kann man unentgeltlich bei „Kirche in Not" anfordern unter www.kirche-in-not.de.

5.

Hoffe auf den Herrn
und sei fröhlich

Worauf hoffst du eigentlich in deinem Leben? Hast du schon einmal darüber nachgedacht, warum du eigentlich lebst und was das Ziel deines Lebens ist? Hast du dir schon einmal überlegt, was nach der Schule kommt, was nach dem Studium kommt, was nach der Gründung einer Familie kommt, was kommt, nachdem du reich und alt geworden bist – was danach kommt? Wozu du eigentlich lebst? Ich habe das Gefühl, dass viele Menschen nicht darüber nachdenken, wozu sie eigentlich leben und welches große Ziel dieses Leben hat. Man kann kleine Ziele haben. Aber was ist das große Ziel deines Lebens? Wenn du diese Frage nicht stellst, bist du in Gefahr, dich gleichsam selbst in ein Betongefängnis zu begeben und den Deckel oben zuzumachen. Dann bleibt nämlich nur noch dieses kleine kurze Leben mit seinen 70, 80 Jahren. Wir brauchen aber einen Sinn im Leben. Wir brauchen ein Ziel – und das, was uns auf dieses Ziel zuführt, das nennen wir Hoffnung.

Als ich zum Glauben gekommen bin, war ich bei einer Jugendgruppe, die sich Legion Mariens nannte. Nach dem Abitur haben wir in Zürich einen Einsatz gemacht. Das war 1981, da war ich 18 Jahre alt. Wir sind damals, wie es im Evangelium steht, immer zu zweit zum Apostolat gegangen. Zürich ist auch heute noch die reichste Stadt Europas, dort gibt es die meisten Millionäre. Und dort gab es damals ein großes Problem mit Drogensüchtigen. Diese hatten ein Haus besetzt, und in dieses Haus sind wir täglich gegangen, um mit den jungen Leuten dort zu reden. Damals hat es das Problem Aids noch nicht gegeben. Ich war dann in späteren Jahren, auch als Priester, noch öfters in Zürich. Da ist es dann schon gefährlicher gewesen, weil Aids aufgetaucht war. Die Drogensüchtigen sind dann mit Spritzen gekommen, haben uns bedroht und wollten Geld. Doch 1981 war das noch nicht so. Als wir eines Morgens in dieses Haus der Drogensüchtigen gingen, haben wir gesehen, wie die Jugendlichen zwischen Erbrochenem und Drogenspritzen gelegen haben. Danach haben wir vor dem Haus Eltern getroffen, die nach ihren Kindern gesucht haben, sich aber nicht hinein getraut haben. Es war erschütternd. Wir hatten viele Gespräche mit diesen jungen Menschen, die offensichtlich ganz hoffnungslos waren und die das auch formuliert haben. Ich erinnere mich an einen Burschen, der mir mit einem Achselzucken sagte: „Weißt du, meine Eltern, die haben eine Yacht, die haben alles, so viel kann ich in meinem Leben gar nicht erreichen. Ich weiß nicht, warum ich lebe."

Warum leben wir eigentlich? Was ist das Ziel unseres Lebens? Wenn man keine Zukunft hat, dann hat man keine Hoffnung. Die kleinen Hoffnungen sind okay, also die Hoffnung, gute Freunde kennenzulernen, die Hoffnung, das nächste Schuljahr zu überstehen, die Hoffnung, vielleicht konkret dieses Mädchen, das einem schon ins Auge gesprungen ist, zu erobern, die Hoffnung vielleicht, am Wochenende nach einer anstrengenden Schul- oder Arbeitswoche ein bisschen über die Stränge zu schlagen – das sind kleine Hoffnungen.

Manche sind gut, manche sind schlecht. Ist ganz klar. Aber du brauchst eine große Hoffnung. Du brauchst ein großes Ziel.

Das Symbol für die Hoffnung, dass ich also ein Ziel habe, auf etwas zugeordnet bin, ist der Anker. Denn wenn ich irgendetwas will, das in der Zukunft liegt, wenn ich es aus ganzem Herzen ersehne, wenn ich diesen Himmel, der das große Ziel unseres Lebens sein soll, ersehne, dann werde ich nicht wie ein Schiff ohne Anker von den Stürmen dieses Lebens hin und her geschleudert. Dann habe ich Festigkeit, dann liege ich fest im Hafen dieses Lebens. In der Heiligen Schrift steht das Wort: „Hoffe auf den Herrn und sei stark." Das ist es, was die Hoffnung schenkt. Wir werden ankern, unser Leben festmachen.

Damit man Hoffnung hat, braucht man aber auch einen gewissen Realismus. Was heißt „real"? Das ist Latein und heißt „wirklich". Du musst eine Sache so sehen, wie sie wirklich ist. Es gibt zwei Typen von Menschen: Die einen sind rettungslose Optimisten, und dann gibt es auch welche, die sind rettungslose Pessimisten. Damit man die richtige Hoffnung hat, braucht man eine realistische Einschätzung seiner Situation. Manchmal kommt man in eine Stimmung, wo man eine Sache nicht mehr realistisch sehen kann, wo man in einer rein pessimistischen Sicht zu ersticken droht. Da hört man dann solche Formulierungen wie: „Niemand liebt mich. Ich schaffe gar nichts. Ich bin absolut am Ende. Ich habe niemanden, der mich versteht. Alle nützen mich nur aus. Gar

nichts geht weiter in meinem Leben." Das sind
lauter Verallgemeinerungen, die falsch sind. Das
ist der Pessimismus, der einen gleichsam in eine
Hoffnungslosigkeit versenkt, wo alles zugedeckelt
ist, wo kein Licht mehr durchscheinen kann, wo
alles dunkel ist. Ich glaube, solche Situationen hat
jeder schon erlebt. Situationen, wo man glaubt, es
wird nichts mehr wieder gut.

Ich war vor fünf oder sechs Jahren das erste Mal
in Pöllau in der Steiermark. Dort gibt es jeden
Sommer ein Jugendfestival mit 600 jungen Leuten, das ganz christlich ist. Da trat ein Priester
auf die Bühne und hielt den Abendvortrag. Er hat
von einem jungen Mann erzählt, der in Pöllau
immer alles mit organisiert hat und dem etwas
Schreckliches passiert war. Er hat so eindrucksvoll davon berichtet, dass mich das Schicksal dieses jungen Burschen ganz tief berührt hat – der
hatte nämlich wenige Tage vor dem Jugendtreffen
in Pöllau einen schweren Verkehrsunfall erlitten
und lag damals im Spital. Der Verkehrsunfall war
insofern dramatisch gewesen, als dem jungen
Mann, Christoph, das Lenkrad den ganzen Kopf
zertrümmert hatte. Der Airbag war nicht aufge-
gangen. Der Priester hat gesagt: „Das war vorher
so ein fescher Bursche und jetzt schaut er ent-
setzlich aus. Man erkennt ihn nicht wieder. Ein
Glück, dass er überhaupt überlebt hat." Das hat
mich so ergriffen, dass ich von diesem Augenblick
an für Christoph gebetet habe, obwohl ich ihn
nicht kannte. Mir sind sogar die Tränen gekommen, wenn ich daran gedacht habe, wie so etwas

Schreckliches einem jungen Burschen passieren kann. Und dann geschah das Wunderbare: Zwei Jahre später stand der Bursche bei mir im Rektorat in der Hochschule, damals hat er noch etwas zerknautscht ausgeschaut im Gesicht. Er hat dann Theologie studiert, mit Auszeichnung abgeschlossen und ist mittlerweile auch äußerlich wieder ein unglaublich fescher Kerl geworden, der es in seinem Leben sicher zu etwas bringen wird.

Man darf die Hoffnung nie aufgeben. Unser Gott ist ein guter Gott. Und wenn wir Gott bitten, dann kann er alles Böse zum Guten wenden. Er ist wirklich ein Gott, der hört, ein Gott, der gesagt hat: Bittet und ihr werdet empfangen, sucht und ihr werdet finden, klopft an und euch wird aufgetan. Deshalb ist Pessimismus für uns Christen nie eine Lösung. Wenn es dir ganz schlecht geht – es gibt Situationen, wo man wirklich in eine Depression hineinrutscht –, dann musst du unbedingt etwas dagegen tun. Das Erste, was ich dir rate, wenn du das Gefühl hast, ich bin hoffnungslos, ich komme in der Schule nicht weiter, es geht in meinen Beziehungen nichts mehr, in meinen Freundschaften, ich bin zu dumm für dies und ich kann jenes nicht usw. – das Erste, was ich dir rate, ist: Wende dich an Gott, verbinde dich mit dem, der die Macht hat, dein Leben zu verändern, der Licht ist. Jesus hat von sich selbst gesagt, dass er das Licht ist, das alle Welt erleuchten möchte. Das erste gegen die Hoffnungslosigkeit ist also: Bete, bete, bete. Verbünde dich mit Gott, und er wird dein Beten nicht unbeantwortet lassen.

Das Zweite ist eine Empfehlung vom heiligen Thomas, einem großen Heiligen des 13. Jahrhunderts. Er hat gesagt: Wenn du traurig bist, dann such dir einen Freund, mit dem du sprichst. Suche dir einen Freund, eine Freundin, einen Menschen, mit dem du dich austauschen kannst. Das Wort, das dir weiterhilft, kannst du dir nicht selber sagen. Der Priester kann sich auch nicht selber die Beichte hören. Ich kann mich nicht vor einen Spiegel stellen, mir im Spiegel alle Sünden bekennen und dann sagen: Pater Karl, ich spreche dich los … Das wäre ja eigentlich sehr angenehm, möchte man denken! Nein, das ist es nicht! Heute sprechen sich ja viele Menschen von ihren Sünden los, aber durch Ausreden. Das hilft nicht nur nicht weiter, das macht sogar psychisch krank. Denn das Wort, das uns wirklich weiterhilft, welches nicht Autosuggestion ist, sondern wirklich Wort, das Weisung ist, Leitung, das kannst du dir nicht selber sagen. Du wirst im Leben wenige wirkliche Freunde finden. Schätze deine Freunde. Und wenn es dir wirklich schlecht geht, dann geh zu deiner Freundin oder zu deinem Freund und öffne dich ihm, erzähle, was dich bedrückt. Und wenn jemand zu dir kommt, bei dem du das Gefühl hast, dass du ihm jetzt zuhören musst, dann bitte, um Gottes Willen, nimm dir Zeit. Wo so etwas nicht passiert, kann es ganz dramatisch enden. Ihr müsst wirklich diesen Sensus haben: Wenn es euch schlecht geht, dann sucht das Gespräch mit jemandem, der euch anhört, mit jemand Weisem, der euch auch weiterhelfen kann. Und wenn ihr angefragt werdet, wenn ihr das Gefühl habt, da kommt jemand, der braucht mich, bitte hört ihm zu. Sagt nicht: „Ich habe keine Zeit für dich", sondern hört ihm zu, nehmt euch diese Zeit.

Das dritte Heilmittel gegen die Hoffnungslosigkeit: Wenn es einem ganz schlecht geht, dann gibt es etwas ganz Entlastendes, das der liebe Gott eingerichtet hat: das sind die Tränen, das Weinen. Gott sei Dank sind wir heute weg von dieser Macho-Mentalität früherer Zeiten, wo Männer nicht weinen durften, Männer mussten immer stark sein. Wenn man sich z. B. in den Finger geschnitten hatte, durfte man als Bub nicht weinen. Meine Oma hat noch solche Anwandlungen gehabt. Ein Bub weint nicht, hat sie gesagt. Da bin ich heute nicht mehr ihrer Meinung. Ich denke, dass Männer weinen dürfen. Frauen natürlich auch. Die Tränen sind eine Quelle der inneren Reinigung von der Hoffnungslosigkeit, sagt der heilige Thomas von Aquin.

Der heilige Thomas ist kein Fitness- oder Wellnessguru des 13. Jahrhunderts, aber er empfiehlt auch: Wenn es dir ganz schlecht geht – das ist ein toller Tipp, den ich sehr schätze –, dann nimm ein heißes Bad. Es kann einem also auch guttun, dass man sich einmal wirklich körperlich entlastet. Ich erinnere mich noch, als ich das Doktoratsstudium in Wien gemacht habe, musste ich innerhalb von vier Monaten meine Dissertation fertigschreiben, denn ab 1. März musste ich eine Pfarrei übernehmen. Ich war unter Druck. Da habe ich wirklich jeden Tag stundenlang vor meinem kleinen Computer gesessen. Und wenn es nicht weiterging, habe ich mich in den 67er Wagen der Straßenbahn gesetzt und bin in die Therme Oberlaa am Stadtrand von Wien rausgefahren. Dort habe ich mich drei Stunden in den Whirlpool gesetzt und alles war wieder okay. Der Frust und die inneren Blockaden waren gelöst. Der liebe Gott hat uns einen Leib gegeben, der auch mitmischt bei den Zuständen unserer Seele.

Wir brauchen solche Mittel gegen die Hoffnungslosigkeit, gegen die Traurigkeit. Doch ganz entgehen werden wir ihr nie. Auch unser Herr Jesus Christus selbst hat vor seinem Sieg über Sünde und Tod die tiefste Verlassenheit und auch das Gefühl menschlicher Hoffnungslosigkeit auf sich nehmen wollen. „Mein Gott, mein Gott, eli, eli,", ruft er am Kreuz, „lema sabachtani, warum hast du mich verlassen?" Das ist ein Zitat aus dem Psalm 22, der in einem kräftigen Lobgesang auf Gott ausklingt, der alle rettet. Das hat Jesus mitgemeint, als er dieses Gebet anstimmte. Denn unser Gott ist ein rettender Gott.

Es gibt Situationen, die scheinen im normalen Leben hoffnungslos. Da muss es gar nicht so dramatisch sein mit Verkehrsunfall usw. wie beim Christoph, sondern da kann oft auch eine andere, eine normalere Situation dazu führen, dass man das Gefühl hat, man weiß nicht mehr, wie es weitergehen soll. Ich hab das einmal bei einem jungen Paar erlebt, wo man wirklich gedacht hat: Das ist hoffnungslos, da weiß man keine Lösung. Und zwar hatten sich die beiden verliebt. Ich habe sie in Medjugorje kennengelernt. Das Problem war nur, dass er aus Salzburg kam (ein Ende der Welt), sie war aus Wien (anderes Ende der Welt). Für so eine heiße Liebe sind 350 km schon belastend. Dazu kam: Er war noch in Ausbildung, sie war gerade mitten im Studium der Medizin, also auch noch nicht fertig, und die beiden hat es immer mehr zueinander hingezogen. Die beiden wollten auch vor Gott so leben, wie die Kirche das will, sie wollten sich bis zur Ehe aufheben. Und sie sind dann immer zu mir gekommen zur Beichte. Irgendwann hatte ich das Gefühl, dass das so nicht weitergehen konnte; man kann das ja auch nicht endlos durchhalten. Da musste irgendetwas geschehen. Außerdem war mir klar, dass die beiden ja bereits ihre Entscheidung füreinander getroffen hatten. Ich habe dann zu ihnen gesagt: „Überlegt es euch. Du bist nicht fertig, er ist nicht fertig. Ihr habt keine Wohnung, ihr habt finanziell nichts. Aber betet einmal, lasst euch vom lieben Gott sagen, was in dieser hoffnungslosen Situation das Richtige ist." Und schon einen Tag später nach diesem Gespräch kam der Anruf: „Pater Karl, wir heiraten." Das war gerade mal vor Weihnachten. „Heiraten, ja wann?" „Im Februar." „Aha, okay. Was sagen eure Eltern?" „Die sind schockiert." „Gut", habe ich gesagt, „macht die Hochzeit. Habt ihr euch das gut überlegt? Wie wird es weitergehen?" „Wir finden schon eine Lösung." Diese Hochzeit an einem Februartag werde ich nicht vergessen. Es war schon deshalb erstaunlich, da es mitten im Winter über 20 Grad hatte. Irgendwie war sichtbar, dass der liebe Gott von Anfang an voll mitgespielt hat. Eltern und Verwandte hatten sich wegen des raschen Heiratens schon beruhigt, und wir haben eine wunderschöne Hochzeit gefeiert. Trotzdem war da immer die Sorge: Wie geht es weiter? Und selbst ich habe mir Vorwürfe gemacht: Pater Karl, hast du da nicht etwas zu Steiles geraten? Nein! Denn was kam bei der ganzen Geschichte heraus: Mittlerweile haben beide ihr Studium abgeschlossen. Wenige Wochen nach der Hochzeit starb eine Nachbarin, die ein kleines Haus mit Garten und Grundstück hatte. Die junge angehende Ärztin hatte dort immer mitgeholfen. Deshalb hatte ihr die Nachbarin das ganze Haus samt dem großen Grundstück vererbt. Und das alles binnen weniger Monate! Ein Jahr später kam das erste Baby, mittlerweile sind sie bei vier angekommen. Ich erzähle diese Story immer, weil ich es auch selbst in meinem Leben so oft erlebt habe, dass wir dann, wenn wir auf Gott vertrauen, Wunder erleben können. Deshalb ist es wichtig, dass wir auch in Situationen, die hoffnungslos erscheinen, das tun, was Gott will. Selbst wider unser rein menschliches Gefühl und unser rein irdisches Denken. Gott wird bei denen, die ihn lieben, alles zum Guten führen, heißt es in der Bibel. Darum müssen wir unsere Hoffnung ganz auf Gott setzen.

6.

Keine Angst,
die Kirche ist
unzerstörbar

Die meisten Menschen denken heute nur dann an die Kirche, wenn sie den Überweisungsschein für den Kirchenbeitrag erhalten oder wenn sie irgendwelche ärgerlichen Nachrichten über die Kirche in den Medien serviert bekommen. Für viele Menschen ist die Kirche etwas rein Äußerliches geworden. Wir kennen alle den Slogan: „Jesus ja – Kirche nein." An der Wende vom 19. zum 20. Jahrhundert hat es einen berüchtigten Modernisten gegeben, Alfred Loisy, der den Satz geprägt hat: „Jesus hat das Reich Gottes verkündet, gekommen ist die Kirche." Er hat es nicht so böse gemeint, wie es klingt, aber es wird eben so verstanden, als wäre die Kirche etwas ganz anderes als das, was Jesus gewollt hätte. Man hat auch oft gehört: „Ja, wenn Jesus kommen würde, der würde es ganz anders machen. Er würde den Bischöfen die Leviten lesen usw." Es ist schon wirklich bedrückend: Kaum sind drei Christen beieinander, wird über den Pfarrer geschimpft, über die Kirche geschimpft, über den Bischof geschimpft. Und auch unter uns Priestern gibt es viel Frust. Viele Gläubige sind heute von der Sorge erfasst: Wird es diese Kirche in Zukunft überhaupt noch geben?

Ich möchte dir einmal ins Gedächtnis rufen, dass du jeden Sonntag die Kirche feierlich bekennst. Du bekennst die Kirche als Inhalt deines Glaubens. Die Kirche ist nämlich nicht ein Verein, sondern Gegenstand des Glaubens. Du sagst: „Ich glaube an die heilige katholische Kirche, Gemeinschaft der Heiligen, Vergebung der Sünden, Auferstehung der Toten und das ewige Leben." Nachdem wir uns im Glaubensbekenntnis zuerst zu Gott als dem Schöpfer des Himmels und der Erde bekannt haben und sodann zu Jesus Christus in seinem Heilshandeln, bekennen wir schließlich die dritte göttliche Person: den Heiligen Geist. Man möchte glauben, dass nach diesem kurzen Satz „Ich glaube an den Heiligen Geist" eine Aufzählung von einigen Inhalten kommt, die halt auch noch irgendwie wichtig sind: die katholische Kirche, die Gemeinschaft der Heiligen, die Vergebung der Sünden, die Auferstehung der Toten und das ewige Leben. Aber das ist nicht so. Was wir nach dem Heiligen Geist bekennen, das sind Seine Werke, das ist Sein konkretes Wirken. Und das erste Werk des Heiligen Geistes, das ist die Kirche! Sie ist das erste und schönste Geschöpf des Heiligen Geistes, und so wie er jenseits der Zeit die Auferstehung der Toten und das ewige Leben wirkt, so hat er in der Zeit diese Kirche gewirkt. Sie ist Sein Werk, sie ist Institution, die aus dem Pneuma, dem Geist geboren wird. Das ist das Werk des Heiligen Geistes: die Kirche.

Natürlich gibt es eine Diskrepanz. Wie schön wäre es, wenn die Kirche genau das wäre, was Christus verkündet hat: Dieses sich anbahnende Reich Gottes, das Reich der Liebe und des Friedens, wie wir es in der Christkönigspräfation am letzten Sonntag vor dem Advent besingen. Das Reich der Gerechtigkeit und der Gnade. Aber so ist es eben nicht. Diese Kirche ist eine Kirche, in der so viele, die die Gotteskindschaft in der Taufe und auch in der Firmung empfangen haben, leider wie die Heiden leben – und manchmal sogar noch schlimmer. So viele Glieder der Kirche sind faul und abgestorben, krank und tot. Aber trotzdem: Diese Kirche – wir bekennen es und wir bekennen es mit Recht – ist Werk des Heiligen Geistes. Er ist es, der die heilige katholische, apostolische und eine Kirche hervorgebracht hat und beseelt.

Einerseits ist die Kirche also mehr als ein bloßer soziologisch fassbarer Verein. Andererseits ist die Kirche natürlich real in der Welt gegründet: Sie ist ein gesellschaftliches Gebilde, sie hat Institutionen, Organe, Ämter, sie besitzt Gebäude, Schulen und Häuser, sie muss Geld sammeln und verwalten, sie muss wirtschaften. Aber das alles trifft die Wirklichkeit der Kirche nicht. Sie ist kein Verein, schon deshalb nicht, weil Jesus sie nicht in einem notariellen Stiftungsakt gegründet hat. Jesus hat nicht irgendwo am Seeufer von Galiläa unter Fanfarenklängen eine Stiftungsurkunde unterzeichnet. Er gründet die Kirche in der Hingabe seiner selbst, indem er den Jüngern nach seiner Auferstehung den Heiligen Geist einhaucht. Weil der Heilige Geist durch die Kirche weht, deshalb ist diese Kirche auch änderungs- und anpassungsfähig. Zugleich hat sie auch eine Substanz, einen Kern, der unveränderlich ist, einen göttlichen Kern.

Christus wollte dieses merkwürdige Gebilde der Kirche, das da von ihm in der Sammlung der zwölf Apostel angestoßen wird, auf schwachen Menschen gründen, die zumindest am Karfreitag allesamt versagen. Zwei Jahrtausende gibt es diese Kirche nun schon. Jahrtausende, die gesegnet waren, die Völkern die Befreiung von Menschenopfern hin zur Menschenwürde, von der Sklaverei hin zur Liebe gebracht hat. Freilich auch Zeiten, die verdunkelt waren durch Kreuzzüge und Hexenwahn. Wir sagen im Glaubensbekenntnis: „Ich glaube an die heilige katholische Kirche." Es ist hilfreich, wenn man das Wort „Kirche" etymologisch betrachtet, von der Wortbedeutung her. Das deutsche Wort „Kirche" leitet sich vom griechischen „kyriaké" ab. „Kyriaké oikía" oder „kyriaké ekklesía". Was heißt das? „Kyrios" ist der Herr. Das ist der große Titel, wie wir ihn im Philipperhymnus im 2. Kapitel finden. Dort wird er auf Jesus Christus bezogen: Er, der Gott gleich war, hat sich selbst entäußert und wurde ein Mensch, ja wurde gehorsam bis zum Tod am Kreuz. Darum hat Gott ihn erhöht und ihm den Namen verliehen, der über allen Namen ist, vor dem sich jedes Knie beugt, den jede Zunge überirdisch und unterirdisch bekennt. Was ist das für ein Name? Es ist der Name „Kyrios", der Herr. Wir sagen es so leicht hin, „Herr", aber „Kyrios" ist der Gottesname. Es ist die griechische Übersetzung des hebräischen Gottesnamens „Jahwe". Wenn Jesus Christus „Kyrios" genannt wird, so ist das das älteste Gottesbekenntnis zu Jesus Christus. Jesus Christus ist der Kyrios zur Ehre Gottes des Vaters.

Die Kirche wird also nach „Kyrios" benannt, sie ist „kyriaké". Das heißt, sie gehört dem Herrn, dem Auferstandenen, dem Sohn Gottes, dem wahren Mensch und Gott, Jesus Christus. Sie ist sein Gebilde.

Nur das deutsche Wort „Kirche" leitet sich von „kyriaké", „kyrios" ab. In den anderen romanischen Sprachen gibt es eine andere Herkunft für das Wort. Italienisch heißt Kirche „la chiesa", französisch „l'église", spanisch „la iglesia". Das alles kommt vom griechischen Wort „ekklesía", das dann ins Lateinische übernommen worden ist (ecclesia), und bedeutet „zusammenrufen, herausrufen". Die Kirche ist die Gemeinschaft derer, die von Gott aus dem Gewöhnlichen, Normalen zum Heil herausgerufen worden sind. Diese Kirche der Herausgerufenen ist das heilige Volk Gottes. „Volk", das ist ein Wort, für das es im Griechischen zwei verschiedene Vokabeln gibt: die eine ist „demos"; wir leben in einer Demokratie – das Volk regiert. Die Entscheidung erfolgt per Abstimmung nach Köpfen, die Quantität entscheidet. Dieses „demos" kann aber auch Dinge tun, die Gott widersprechen. Da kann „demos" auch dämonisch werden. Das zweite Wort, das die Griechen für „Volk" haben, ist „laos". Das ist das heilige Volk, das Volk unter der Leitung Gottes. Es gibt einen ganz prominenten Theologen, der über diesen Begriff „Volk Gottes" bei Augustinus seine Doktorarbeit geschrieben hat – das ist Papst Benedikt XVI.

Kirche ist keine Demokratie, sie ist Laokratie: Volk Gottes unter der Leitung Gottes. Nicht die Zahl der Köpfe des „demos" entscheidet, sondern Gott der Herr, der das Haupt seines Volkes, des heiligen „laos" ist. Darum können Gottes Vorgaben auch nicht demokratisch geändert werden: Wenn zum Beispiel heute nur noch 49 % der Getauften an die Auferstehung glauben würden, dann hieße das nicht, dass damit die Auferstehung abgeschafft werden kann. Glaubenswahrheiten können ebensowenig durch Zweidrittelmehrheit geändert werden wie Naturgesetze. Das geht nicht. Es gibt etwas, das feststeht. Und dieses Volk, „laos", das wir sind, das steht unter der Herrschaft Gottes, unter seiner Offenbarung, unter seiner Wahrheit, die größer ist als das, was wir selbst mit unserer Begrenztheit an Glaubenswirklichkeit fassen können.

In der Heiligen Schrift gibt es schon eine ganze Fülle von Bildern für diese Kirche, für diese Gemeinschaft. Paulus stürzt vor Damaskus zu Boden, und da sagt Christus zu ihm, der als Pharisäer fanatisch die Christen verfolgen wollte: „Saulus, Saulus, warum verfolgst du MICH?" Er wollte ja gar nicht Christus verfolgen, der war für ihn ein Gehenkter, ein Verfluchter, ein anmaßender Gotteslästerer – er wollte seine Anhänger verfolgen. Und in diesem Wort identifiziert sich Jesus mit denen, die zu ihm gehören: Warum verfolgst du MICH? Und vielleicht finden wir es deshalb in den paulinischen Briefen so ausgeprägt, dass Paulus uns, die Getauften, als einen mystischen Leib, eine Einheit, eine Gemeinschaft in Christus sieht. Die Kirche ist für Paulus der Leib Christi. Das wird dann in der Theologie der Kirchenväter ganz wichtig und wirkt sich auch bis heute ganz konkret aus. Der heilige Augustinus sagt: „Wenn dir der Priester die Hostie hinhält und sagt ‚Der Leib Christi‘, und du antwortest ‚Amen‘, dann sagst du Ja zur Kirche." Denn die Kirche ist der Leib Christi. Das ist nicht bloß mein privater Jesus, Jesus für mich. Unser Gliedsein an diesem mystischen Leib der Kirche vollziehen wir durch die Teilnahme an der heiligen Kommunion. Das hat ganz wesentliche Auswirkungen. Wir müssen deshalb sagen: Wenn Menschen kommen, die nicht in der katholischen Kirche sind, dann können diese nicht einfach zur Kommunion gehen, auch wenn sie privat glauben würden, dass Jesus da gegenwärtig ist. Das „Amen" ist ein Amen zum ganzen „Leib Christi", und das ist auch seine Kirche. Das ist der Grund, warum wir Katholiken nicht einfach eine sogenannte „Gastfreundschaft" gewähren können. Weil wir dann jemand dazu einladen würden, etwas in sich Unwahres zu tun: „Ja" zu etwas zu sagen, das er nicht so meint. Denn dieser „Leib Christi", der dir bei der Kommunion vor die Nase gehalten wird, fordert von dir ein „Amen", das auch der Kirche gilt. „Amen! Jesus, ich gehöre zu Dir und damit gehöre ich auch zu Deiner Kirche."

Die Kirche ist schon eine herausfordernde Glaubenswahrheit. Man kann sie überbewerten, man kann sie unterbewerten. Wir haben im „Gotteslob" noch das schöne Lied, bei dem wir singen: „Fest soll mein Taufbund immer stehen, ich will die Kirche hören. Sie soll mich allzeit gläubig sehen und folgsam ihren Lehren. Dank sei dem Herrn, der mich aus Gnad in seine Kirch berufen hat. Nie will ich von ihr weichen." Es ist ein kräftiges Bekenntnislied. Heute hat man das Gefühl, dass viele lieber singen würden: „Fest soll mein Taufbund immer stehen, ich will die Kirche hören. Sie soll mich allzeit gläubig sehen, unfolgsam ihren Lehren." Heute ist es ein zerstörerisches Problem geworden, dass wir die Kirche in ihrer Autorität nicht mehr ernst nehmen. Viele Gläubige sind deshalb wirklich von der Sorge erfasst: Wie wird es mit uns weitergehen, wenn diese Spannungen, diese Abweichungen, diese Zerrissenheit im Glauben immer größer wird?

Und wir stehen vor der Tatsache, dass christliche Glaubensinhalte immer weniger akzeptiert werden: Seit Jahren wird abgetrieben, jetzt wissen wir bald nicht mehr, wer unsere Pensionen bezahlen soll. Zuzug und Migration sind ökonomisch immer mehr notwendig, damit kommen aber auch andere Religionen, die bei uns Heimat und Lebensrecht erhalten müssen. Nicht alle glauben an einen Gott der Liebe. Wie wird unsere Gesellschaft das aushalten können? Seit Jahren wird ein liberales Christentum gefordert, viele Gebote des Evangeliums gelten als „mittelalterlich". Unter dem Namen der Toleranz wird die Gleichgültigkeit als oberste Tugend angepriesen. Die Folge davon ist, dass unser christlicher Glaube schwach geworden ist. Wir wissen oft auch gar nicht mehr, woran wir glauben, weil unsere Glaubensbildung schwach geworden ist. Es gibt den erschreckenden Fall, dass eine katholische Pfarrgemeinde in Wien mit der muslimischen Gemeinde in einen Dialog über Glaubensfragen treten wollte. Solch ein Glaubensgespräch musste schon beim ersten Mal abgebrochen werden, und zwar aus einem peinlichen Grund: Die Muslime wollten über die Gottessohnschaft Christi, über das Konzil von Nizäa, über die Dreifaltigkeit reden – doch die Katholiken hatten davon keine Ahnung.

Wir hatten einen großen heiligen Papst, den seligen Johannes Paul II. Er hat die Kirche durch eine der schwierigsten Phasen geführt, und er hat sie gut geführt. In dieser Zeit ist eine neue Qualität herangewachsen. Eine „Generation Johannes Paul II." ist da, die als „Generation Benedikt XVI." weiterwächst. Freilich: die qualitativen Christen sind oft nur wenige. Die Massenkirche scheint vorbei zu sein. Aber das darf uns nicht beunruhigen, denn Qualität erzeugt immer Quantität – und nicht umgekehrt. Es ist eine völlig falsche marxistische These, dass Quantität in Qualität umschlagen kann. Das funktioniert nicht. Umgekehrt aber schon. Aus 12 Aposteln hat Christus seine Kirche gebaut, heute immerhin eine Milliarde Menschen. Nein, Gott wirkt immer über Qualität, über Heilige, über wirklich überzeugte Menschen – das sind die, die die Welt verändern, auch wenn es anfangs wenige sind. Deshalb brauchen wir jetzt, in diesem Winter des Glaubens, vor allem substantielle Qualität.

Joseph Ratzinger, Papst Benedikt XVI., führt diese qualitative Absicherung der Kirche weiter. Er schreibt theologische Enzykliken, er ist der große Theologenpapst. Wir brauchen wieder dieses Glaubenswissen, wir müssen wieder wissen, warum wir glauben, wir müssen wissen, warum wir in den Himmel kommen. Wir sind keine Fanatiker, wir sind liebende Menschen – aber wir müssen wissen, was wir glauben. Nur dann können wir auch mit den anderen reden. Sonst werden wir weggespült werden. Wenn man nicht mehr weiß, warum man eigentlich katholisch ist, wenn man nicht mehr weiß, was die Kirche, was Christus über die Ewigkeit, über das Leben nach dem Tod geoffenbart hat – ja, dann kommen irgendwelche Gurus und erzählen uns, dass wir alle reinkarnierte ägyptische Prinzen und Prinzessinnen sind. Und naive postmoderne Menschen, die sich nie mehr richtig mit dem christlichen Glauben auseinandergesetzt haben, rutschen sofort ab in solch abstrusen Aberglauben.

Die Frage, wie es mit der Kirche weitergehen wird, ist bedrängend. Ich habe selbst gehört, wie sogar Theologen die Kirche mit der Titanic verglichen haben. Eine Häresie, denn die Titanic ist gesunken, die Kirche aber wird nie untergehen. Ein Theologe meinte gar, die Kirche sei die Titanic und der Papst sei der böse Kapitän, der den Kurs nicht ändern wollte und deshalb die Kirche gegen den Eisberg habe fahren lassen. Ein schrecklicher Vergleich, ein falscher Vergleich. Die Kirchenväter haben die Kirche immer mit dem unsinkbaren Boot im Seesturm verglichen, das wir aus den Evangelien kennen. Das ist das richtige Bild.

111

Die Kirche wird nicht untergehen. Freilich, wir können nicht sagen, wo sie weiterleben wird. Es hat im Laufe der Kirchengeschichte verschiedene Phasen gegeben. In den ersten vier, fünf Jahrhunderten, da war die Kirche in Nordafrika und Kleinasien am stärksten. Doch dann hat der Islam vieles weggespült. Heute ist die Kirche in Europa schwach, doch in anderen Ländern lebt sie mit Begeisterung, Dynamik und Optimismus. Ich durfte vor einigen Jahren an der Primiz eines unserer Studenten in Afrika teilnehmen. Da findet man eine fröhliche Gläubigkeit, da gibt es Lebendigkeit und Fruchtbarkeit. Ich sah Seminargebäude, die Hunderte Meter lang sind, mit tausend Seminaristen.

Seit kurzem ist ein neuer afrikanischer Priester als Stipendiat an unserer Hochschule, der bei uns anfangs recht unglücklich war. Warum? Weil bei uns in Heiligenkreuz die Sonntagsmesse eineinviertel Stunden dauert. Ich muss dazu sagen, dass das für österreichische Verhältnisse schon relativ lang ist, es ist eben unsere Mönchsmesse. Normale Gemeindemitglieder halten solche Längen bei uns kaum aus. Doch unser afrikanischer Priester war aus einem anderen Grund traurig: Die Messe dauerte ihm zu kurz. „Wir nehmen uns für die Messe zwei Stunden Zeit!" Und dabei hatte er als Pfarrer sogar jeden Sonntag drei Messen. Wenn man so etwas erlebt, dann wundert man sich nicht, warum die Kirche überall stark und stärker wird außer in Europa. Das ist eine Realität, die auch existiert. Das Leben der Kirche, das nicht fixiert ist auf dieses alte Europa. Obwohl man schon sagen muss: Wir sind das Kernland der Kultur. Was hier in Europa gedacht worden ist, das hat die Welt beeinflusst. Im Guten – und leider auch im Bösen. Und wir müssen dieses Gute hier bei uns, unsere kulturellen, politischen Traditionen, wir müssen es denken und wir müssen das Christentum hier in Europa stärken. Dann wird es für die ganze Welt zur Evangelisierung beitragen – ein Wort, das man heute leider auch nur noch sehr selten hört.

Schließlich die Lehre von der Unzerstörbarkeit der Kirche. Jesus sagt, nachdem Petrus ihn als erster Mensch in Cäsarea Philippi als Sohn Gottes bekannt hat: „Nicht Fleisch und Blut haben dir das offenbart, sondern mein Vater im Himmel." (Matthäus 16,18) Die Kirche wird von Anfang an nicht auf Fleisch und Blut gegründet, sondern sie wird als Gotteswerk in diese Welt hineingesetzt. Und auch das Amt, das Petrus innehat, gründet nicht auf Fleisch und Blut, sondern auf dem, was Gott, der Vater, im Himmel in diese Welt einstiftet. Dann sagt Jesus: „Du bist Petrus und auf diesen Felsen werde ich meine Kirche bauen." Und dann kommt dieses Wort, das im Lateinischen lautet „non praevalebunt": Die Pforten der Unterwelt „non praevalebunt" – werden sie nicht überwältigen. Die Kirche ist, so glauben wir, unzerstörbar, und diese Unzerstörbarkeit bekennen wir nicht aus einem Triumphalismus heraus. Unsere Haltung ist nicht: Die Kirche ist unzerstörbar, weil wir so toll sind oder weil wir die Wahrheit gepachtet haben. Nein, wir sind nicht toll, ganz und gar nicht. Wir sind Sünder, wir sind faul, wir tun viel zu wenig für den lieben Gott, wir sind schlechte Christen, darum müssen wir immer wieder beichten gehen – aber wir gehören zu einer Kirche, die in sich unzerstörbar ist.

Das ist kein Triumphalismus, weil wir ja wissen, dass Gott diese Kirche als Werkzeug haben möchte. Er möchte sie als Werkzeug, um sein Heil bis an die Grenzen der Erde zu bringen. Die Kirche insgesamt ist kein Selbstzweck, sondern sie ist Instrument in der Hand Gottes, und deshalb hat er sie mit diesem Charisma der Unzerstörbarkeit ausgerüstet. Ob diese Welt noch zwanzig Jahre steht, ob es bis zum Weltende noch hundert Millionen Jahre sind – eines ist gewiss: Solange es Menschen gibt, wird es die Kirche geben. Das ist eine Zusage des Herrn: „non praevalebunt", die Pforten der Unterwelt werden sie nicht überwältigen. Ein Blick auf die mittlerweile über 2000-jährige Geschichte der Kirche macht es auch historisch deutlich: Wenn die Kirche nur eine selbsterfüllende Religion, nur eine Ideologie wäre, dann würde sie kommen und sie würde wieder gehen. Wir erleben das ja: Institutionen werden gegründet, lösen sich auf. Jedes Unternehmen feiert schon ganz groß das 20-Jahr-Jubiläum und fühlt sich damit schon sehr alt. Der Kommunismus hat die Welt immerhin siebzig Jahre in Atem gehalten und zerstört, bis er schließlich endlich auf der Müllhalde der Geschichte gelandet ist. Alle Ideologien haben ein Ablaufdatum, Gott sei Dank.

Die Kirche aber ist Instrument für die Anwesenheit der Gnade Gottes in dieser Welt, dazu ist sie da und darum wird sie da sein bis ans Ende der Welt. Ein französisches Sprichwort sagt: „Les dieux s'en vont. Die Götter, die verschwinden auch wieder." Die Götzen und Götterbilder, die verschwinden wieder. Wir haben ein ähnliches Sprichwort im Deutschen: „Wer mit der Zeit geht, muss mit der Zeit gehen." Das ist eine Realität, die auch für die Kirche gilt. Wir dürfen deshalb auch durchaus furchtlos sein. Die große Teresa von Ávila hat das klassische Wort geprägt: „Nichts verwirre dich, nicht erschrecke dich, alles geht vorbei. Gott ändert sich nicht. Geduld erreicht alles. Wer Gott hat, dem fehlt nichts. Solo Dios basta. Gott allein genügt." Basta! Das möchte ich dir als Trostwort mitgeben, wenn du innerkirchliche Frustrationen erlebst – das kann von der konkreten Pfarrgemeinde her sein, das kann aus dir selbst kommen oder von den Kindern, die vielleicht nicht so den Glauben leben, wie du als Mutter oder Vater das vom lieben Gott erbitten willst: Solo Dios basta. Gott allein genügt.

Ein Blick in die Geschichte ist vielleicht noch hilfreich, um diese Unzerstörbarkeit der Kirche aufleuchten zu lassen. Besonders kritisch war die Zeit im 19. Jahrhundert, das war die Zeit nach der Aufklärung. Im Französischen nennt man diese Epoche „Illuminisme", also „Erleuchtung". Was für ein hochmütiges Wort für eine Periode, die hineingeführt hat in den Nationalismus, in die Völkermorde des 20. Jahrhunderts, in zwei Weltkriege. Voltaire hat diese Episode der Weltgeschichte mit seiner Kirchenfeindlichkeit eingeleitet, er hat das Wort geprägt: „Écrasez l'infâme! Rottet dieses infame Gebilde der Kirche aus!" Und das ist dann mit der Französischen Revolution 1789 auf brutale Weise konkret geworden. Die Franzosen feiern ihre Französische Revolution groß als Akt der Demokratisierung. Liberté, égalité, fraternité. Freiheit, Gleichheit, Brüderlichkeit. Die Begriffe klingen gut, doch ihre Durchsetzung war mit Grausamkeiten sonderlichster Art verbunden. Vom 2.-6. September 1792 gab es die berüchtigten Septembermorde in Paris. Auf Befehl des Revolutionsführers Danton wurden 1400 Menschen, darunter 225 Welt- und Ordenspriester, mit Säbeln, Gewehrkolben und Bajonetten in einem beispiellosen Massaker abgeschlachtet. Das muss man sich in Erinnerung rufen, denn die Weltgeschichte ist voll von Christen, die ihr Leben in totalitären Regimen hingegeben haben, und es sterben vielleicht sogar in diesen Stunden Menschen um ihres christlichen Glaubens willen. Zur Zeit der Französischen Revolution ist die Kirche in Österreich relativ glimpflich davongekommen. Kaiserin Maria Theresia, eine richtige Barockkaiserin, war persönlich äußerst fromm, sie hat Messgewänder bestickt und täglich Dutzende Rosenkränze gebetet. Aber ihr Sohn Joseph II. war gar nicht mehr fromm, der war aufgeklärt. Immer wenn ich in Wien an der Kirche am Hof vorbeigehe, da schaue ich auf den Balkon, wo 2007 Papst Benedikt XVI. stand und uns bei strömendem Regen segnete. Und dort oben hat 1782 auch schon Pius VI. gestanden; er war nach Österreich gekommen, weil Kaiser Joseph II. über 600 alte Klöster aufgehoben hatte. Der Besitz wurde verschachert, die Bibliotheken wurden geleert, teilweise wurden die uralten Bücher verwendet, um Straßen zu pflastern. Mittelalterliches Kulturgut ist hier verloren gegangen. Auch mein Kloster Stift Heiligenkreuz hätte aufgehoben werden sollen. Gott sei Dank ist das im letzten Augenblick abgewendet worden. Viele Klöster wurden damals vernichtet. Und damals stand Pius VI. oben auf dem Balkon, und unten stand Kanzler Kaunitz, ein Freimaurer. Als der Papst den Ostersegen erteilte, nahm Kanzler Kaunitz den Hut nicht ab. Da wurde er von einem Nachbarn angestoßen, er solle doch den Hut ziehen, wenn der Papst den Segen gibt. Da hat der Kaunitz einen Satz formuliert, mit dem er durchaus Recht hat, auch wenn er frech war. Er sagte: „Ist der Segen gut, geht er auch durch den Hut."

Diese Episode erinnert mich immer an jene schwere Zeit für die Kirche, in der Napoleon erst Pius VI. und dann Pius VII. gefangen genommen hat. In dieser Situation hat es so ausgesehen, als würde die Kirche in Gestalt des Papsttums jetzt einfach politisch vernichtet werden. Doch dann kam es ganz anders: Das Papsttum ging nicht unter, im Gegenteil. Das Ansehen des Papstes stieg. Früher war er bloß Souverän des Kirchenstaates. Halb Italien war ja Territorium des Kirchenstaates, und die Päpste waren in politische Geschäfte verwickelt. Der Kirchenstaat wurde 1870 an das Königreich Italien angeschlossen. Und was jetzt aufstieg, war die moralische Autorität des Papstes. Die Kirche sammelte sich jetzt plötzlich geschlossen um diesen Fels herum. Und deshalb kam es auch 1870 zum I. Vatikanischen Konzil, das der damalige Papst Pius IX. einberufen hatte. Er war übrigens der längstregierende Papst; er war 32 Jahre Papst und hätte somit fast die Jahre des Petrus erreicht. Bei der früheren Papstkrönung hat man immer dem neuen Papst gesagt: „Non videbis annos Petri. Du wirst die Jahre des Petrus nicht erleben." Petrus war nämlich der Überlieferung nach 33 Jahre lang Papst, und tatsächlich ist bisher keiner seiner Nachfolger 33 Jahre Papst gewesen. Auf dem I. Vatikanischen Konzil gaben die Bischöfe in einem Dokument folgendes zu Protokoll: „Es liegt ein Beweis für die Wahrheit Gottes in der Kirche selbst. In ihrer wunderbaren Ausbreitung, in ihrer außerordentlichen Heiligkeit, in ihrer unerschöpflichen Fruchtbarkeit und schließlich in ihrer unbesiegten Beständigkeit liegt ein Beweis für die Wahrheit Gottes."

Der berühmte Wiener Kardinal Franz König hat dasselbe etwas einfacher ausgedrückt, er sagte: „Wenn die Kirche menschlich wäre, dann wäre sie doch schon lange untergegangen." Er hat mir auch erzählt, dass er Briefe mit schrecklichen Beschimpfungen erhält, wo Vorwürfe und Anschuldigungen gegen die Kirche stehen, die er sich von anderen nicht einmal zu denken trauen würde. Derzeit bedrückt es mich auch, wenn ich mir im Internet die Postings auf Kirchenthemen anschaue, mit welch geballter Aggressivität da oft auf die Kirche losgeschlagen wird. Ich meine: Gerade diese Schlechtigkeit, die man uns Christen vorhält, ist wirklich der beste Beweis dafür, dass die Kirche nicht menschlichen, sondern göttlichen Ursprungs ist.

Wenn wir von der Unzerstörbarkeit der Kirche sprechen, dann müssen wir auch den Aspekt der Sünde in der Kirche aufgreifen. Im Epheserbrief steht, dass Christus die Kirche geliebt und sich für sie hingegeben hat. Er möchte sie sich selbst als seine unbefleckte Braut schaffen, und er hat es in der Hingabe seines Lebens getan. Die Kirche ist seine vielgeliebte Braut. Deshalb sagt uns der Glaube, dass die Kirche in sich als Kirche, als dieses abstrakte mystische Gebilde keine Sünde hat, sie ist unbefleckt, schön, rein. Maria, die Unbefleckte, ist das Urbild dieser Heiligkeit der Kirche. Aber, so sagt das II. Vatikanische Konzil, sie umfasst Sünder in ihrem eigenen Schoß. Die Kirche selbst ist sündlos, aber die Glieder der Kirche, also wir, wir sind zur Sünde fähig, und wir sündigen alle. Niemand kann die volle Heiligkeit der Kirche ausschöpfen – mit einer Ausnahme: die Gottesmutter Maria, die Unbefleckte, die Reine. Sie ist das wahrste und schönste Urbild der Mutter Kirche. Aber niemand von uns sonst, auch kein Theologe, kein Papst, kann z. B. den vollen Glauben der Kirche ausschöpfen. Wir haben alle Defizite und Defekte in unserem Glauben. Es gibt große Theologen, heilige Theologen – ich denke

119

z. B. an den hl. Thomas von Aquin, der auch in manchen Lehren den vollen Glauben der Kirche nicht ausschöpfen konnte. Thomas konnte sich z. B. die Bewahrung Mariens vor der Erbschuld, die unbefleckte Empfängnis, nicht vorstellen. Der hl. Augustinus, ein wirklich ganz großer, glühender, brennender Heiliger, war von der Gnade, die durch die Taufe geschenkt wird, so fasziniert, dass er keine Möglichkeit gesehen hat, ohne Taufe irgendwie in den Himmel zu kommen. Und er hat die Meinung vertreten, dass dies sogar für ungetauft sterbende Kinder gilt. Nach Augustinus kommen diese in eine Art Vorhölle. Vor einigen Jahren erst hat die päpstliche Theologenkommission klargestellt, dass dies nicht die Lehre der Kirche ist. Wir dürfen also froh hoffen – wissen können wir es ja nicht –, dass auch ungetauft sterbende Kinder zur wahrhaft himmlischen Anschauung Gottes gelangen. Augustinus war hier in seiner Glaubensvorstellung defizitär. Und das gilt für jeden von uns, auch für die großen Heiligen.

Diese Verkrümmung, diese Verkümmerung, die sich dann in der Sünde noch einmal dramatischer zeigt, die gilt für uns, aber sie gilt nicht für die Kirche als Ganze. Die Kirche als Gesamtsubjekt trägt den umfassenden Glauben der Kirche, und als Gesamtsubjekt ist sie heilig. Aber leider umfasst sie, wie das Konzil sagt, Sünder in ihrem eigenen Schoß. Mein Lieblingsautor Georges Bernanos, dessen Bücher im Deutschen leider nicht mehr aufgelegt werden, hat den Roman „Tagebuch eines Landpfarrers" geschrieben. Darin kommt ein schöner Satz vor, als zwei Priester miteinander sprechen und dann der eine Priester zum anderen sagt: „Es ist doch nichts, für die Kirche zu leiden. Du musst durch die Kirche gelitten haben." Wir glauben immer, das ist irgendein Fehler: Du bist in einer Pfarrgemeinde und du hörst das Evangelium „Liebt einander", oder du bist in einem Kloster, so wie ich, und du möchtest in einer Gemeinschaft leben, wo alle durch den liebenden Gott zu einem Leben der Liebe berufen sind – und dann hast du in der Pfarrgemeinde, dann hast du im Kloster Gemeinheiten, dann treten dir die Leute ins Kreuz, reden über dich, richten über dich. Und wir meinen immer, dass das ein Strukturfehler ist. Wir wünschen uns immer, dass es die total liebevolle Geschwisterlichkeit und die total gelungene Gemeinschaft gibt. Falsch! Die Abreibungen und Kränkungen gehören einfach zu unserem Kirchesein dazu. Das hat die Kirche auf dem Konzil von Trient dogmatisch ganz klar definiert: Die Erbsünde wird durch die Taufe – den Eintritt in die Kirche – zwar getilgt, aber es bleibt auch in uns Getauften, also in denen, in denen der Heilige Geist mit seiner ganzen Liebesmacht schon wohnt, der „Zunder der Sünde" zurück. Mit der Sünde ist es also wie beim Grillanzünder: Ein Funke genügt und schon brennt das Ganze. Wenn du z. B. aus der Beichte kommst, dann bist du deine Sünden los, dann bist du ganz schön, dann bist du ganz rein. Du hast dir vorgenommen: Ab sofort werde ich zu meiner Frau aufmerksam und liebevoll sein – und dann kommt wieder irgendetwas, das Essen schmeckt dir nicht oder vielleicht hat sie ihre Zahnpasta nicht zugemacht oder sonst irgendwas – und schon ist der Grillanzünder wieder angesprungen. Das ist einfach da, und das bleibt bis zu unserem Tod so. Mutter Teresa ist jede Woche beichten gegangen, Papst Johannes Paul II. ist jede Woche beichten gegangen. Wir beten im zweiten Teil des „Gegrüßet seist du, Maria": „Bitte für uns Sünder jetzt und in der Stunde unseres Todes." Bis zum Lebensende bleibt dieser Kampf in uns selbst. Wir Menschen, unsere Seele, so sagt Georges Bernanos, sind der Wall, den Gott zwischen sich und dem Satan aufgeworfen hat. Und da drinnen in unserer Seele tobt dieser Kampf.

Uns sind viele Gnadenmittel gegeben, daher brauchen wir keine Angst zu haben. Gott siegt. Doch die Kirche ist nicht dazu da, um uns zärtlichweich den Himmel auf Erden vorzugaukeln. Die Kirche ist dazu da, uns zu noch größerer Liebe herauszufordern. Die Spannungen in unseren kirchlichen Gemeinschaften haben in gewisser Weise den Sinn, uns in der Liebe reifen zu lassen. Der heilige Bernhard, unser Ordensvater, ein Realist, sagt seinen Mönchen: „Inimici tui in domo tua! Deine Feinde wohnen im eigenen Haus. Lieber Mönch, du hast deine Mitbrüder eigentlich nur deshalb, damit du die Feindesliebe, die Christus fordert, gleich im eigenen Haus üben kannst. Wie sollst du sonst heilig werden?"

Warum geben wir Christen der Welt den Eindruck, dass wir ein Volk von Raunzern sind, die nur auf das Negative fixiert sind? Ist das notwendig?! Es gibt doch so viel Gutes bei uns, auch in unserem Miteinander. Wenn man etwa unser Gemeinschaftsleben in den Orden oder den Pfarreien mit dem vergleicht, wie es in der Welt zugeht, dann muss man doch feststellen, dass bei uns immer noch „Himmel auf Erden" ist. Wenn man schaut, wie es in der Welt zugeht, in Firmen und in Vereinen, dann muss man sagen: auch dieses Bruchstückhafte von kirchlicher Gemeinschaft, das wir oft beklagen, ist immer noch besser als alles andere draußen in der Welt. Da geht es oft zu wie in einem Wolfsrudel, wo alle miteinander kämpfen, sich rempeln und konkurrieren, mobben und übertrumpfen ... Dagegen sind unsere Pfarrgemeinden Horte der guten Gemeinschaftlichkeit.

Und noch etwas. Christus wollte diese Kirche unzerstörbar haben, und er hat als Instrument für diese Unzerstörbarkeit, um die Kirche wirklich in der Wahrheit zu halten, das sogenannte Lehramt gegeben, das Magisterium ecclesiasticum. Und dieses Lehramt ist an ein Weihesakrament gebunden, nämlich an die Bischofsweihe. Das Lehramt in der Kirche haben nicht die gelehrten Theologen inne, auch wenn die ihre wichtige Bedeutung haben. Das eigentliche Lehramt, womit Christus seine Kirche in der Wahrheit absichert, das wird durch das Kollegium der Bischöfe ausgeübt, die Nachfolger der Apostel sind. Jesus hat zu ihnen gesagt: „Wer euch hört, hört mich." (Lukas 10,16) Und das II. Vatikanum definiert den

Bischof gleichsam als den Christus am Ort. So wie schon die Urkirche, Ignatius von Antiochien, Irenäus, Tertullian und Augustinus gesagt haben: Ohne Bischof gibt es keine Predigt und keine gültige Eucharistiefeier. Also alles, was in einer Diözese geschieht, geschieht als Ausfluss dieses apostolischen Amtes, das die Bischöfe innehaben. So wichtig sind die Bischöfe für uns.

Und in diesem Bischofskollegium ist wieder einer, der auch vom Neuen Testament her eine besondere Stellung innehat: Das ist der Nachfolger des heiligen Petrus. Da Petrus in Rom unter Kaiser Nero in der Arena zu Füßen des Vatikanhügels gestorben ist, ist der Bischof von Rom immer zugleich der Petrusnachfolger. Und damit hat er dieses Petrusamt inne – wir bezeichnen ihn mit dem Wort „Papst", was wieder von „papa" kommt, „Vater". Der Papst ist das Haupt dieses Bischofskollegiums, und er hat deshalb auch die Aufgabe, wie Christus es sagt, seine Brüder zu stärken.

Am Beginn des letzten Abendmahles sagt Jesus zu den Aposteln – das ist eine Stelle, die man oft überliest –: „Ich habe mich sehr danach gesehnt, dieses Passahmahl mit euch zu essen." Und zu Petrus sagt er dann: „Simon, Simon, der Satan hat verlangt, dass er euch wie Weizen sieben darf. Ich aber habe für dich gebetet, dass dein Glaube nicht erlischt. Und wenn du dich wieder bekehrt hast, dann stärke deine Brüder." (Lukas 22,31f) Das ist ein spannendes Wort: Satan verlangt zu sieben – und er siebt auch kräftig. Wir werden gesiebt durch die Sünde, wir werden gesiebt durch unseren schwachen Glauben, wir werden gesiebt durch Lebensschicksale, die wir vielleicht im Glauben nicht verkraften. Satan siebt und er hat tausende Tricks, die er anwendet. Er siebt durch Ungehorsam und Glaubensabfall, er siebt die Priester und die Laien. Und Jesus sagt zu Petrus: Ich aber habe für DICH gebetet, damit dein Glaube nicht erlischt. Dieser Glaube des Petrus manifestiert sich in Cäsarea Philippi, wo Petrus bekannt hat: „Du bist der Sohn des lebendigen Gottes." Dieses Wort, das nicht aus „Fleisch und Blut" stammt, sondern eine Gabe Gottes des Vaters ist, ist das Fundament, auf dem diese Kirche steht. Petrus wird deshalb mit Recht als Pförtner des Himmels dargestellt, als einer, der die Schlüsselgewalt innehat. Petrus wird in der frühen Kirche auch immer mit dem Steuermann des Schiffes Kirche verglichen. Das geht bis hin in die große Vision des heiligen Don Bosco aus dem 19. Jahrhundert: Er sah ein stürmisches Meer, die Kirche, die unterzugehen droht, den Papst, der von einer Kugel verwundet niedersinkt. Viele haben in dieser Vision eine Vorausschau des Attentates auf Johannes Paul II. am 13. Mai 1981 gesehen. Und dann gelingt es diesem Papst, das Schiff der Kirche zwischen zwei Säulen festzumachen, die mitten im Sturm aus dem Meer auftauchen: auf der einen Seite die Eucharistie, auf der anderen die Muttergottes. Die weiße Gestalt der Hostie, die weiße Gestalt der unbefleckt Empfangenen. Und im selben Augenblick beruhigt sich das Meer mit seinem Sturm, während die anrückenden

Kriegsschiffe versinken. Dort ist die Kirche verortet: Eucharistie, Maria, Petrus. Es sind die drei weißen Gestalten, wenn man es in eine Kurzformel bringen möchte.

Ich wiederhole: Es ist keine Privatmeinung von mir, sondern es ist Glaube der Kirche von alters her, dass sich in dem Wort, das Christus in Cäsarea Philippi spricht, eine tiefe theologische Wahrheit verbirgt: Dass die Kirche unzerstörbar ist. Weil sie der fortlebende Christus selbst ist, weil sie durch den Herrn selbst geführt und geleitet wird, weil sie sein für ihn notwendiges Instrument ist, um sein Heil bis an die Grenzen der Erde zu bringen. Er ist ja gekommen, um alle Menschen zu erlösen. Diese schwache Kirche, diese kleine Kirche, diese im Augenblick so verängstigte Kirche, diese in manchen Ländern boomende, in Europa aber schrumpfende Kirche, diese durch die Sünden der Glieder so entstellte Kirche – sie ist wahrhaft Gottes Werk. Sie ist unzerstörbar. Sie hat die Kraft zur Erneuerung und sie wird sich wieder erneuern. Und sie wird ganz machtvoll diese Wahrheit bis ans Ende der Welt bezeugen. Die Kirchenväter haben in der Begebenheit vom Seesturm, wo Jesus auf die Bitten der Jünger hin den Sturm mit dem Wort beendet „Schweige still!", ein Bild für die Kirche gesehen. Das Schiff der Kirche, in dem der Herr fährt, ist unsinkbar. Und wir als Christen sitzen in diesem Schiff. Bleiben wir also alle fröhlich und hoffnungsvoll in diesem Schiff, das sicher niemals untergehen wird.

NACHWORT

Die Kirche insgesamt ist kein Selbstzweck, sondern sie ist Instrument in der Hand Gottes, und deshalb hat sie mit dem Charisma der Unzerstörbarkeit ausgerüstet. Ob diese Welt noch zwanzig Jahre steht, ob es bis zum Weltende noch hundert Millionen Jahre sind – eines ist gewiss: Solange es Menschen gibt, wird es die Kirche geben.

P. Karl Wallner OCist

Josef Wallner

wurde 1963 in Wien als Sohn von Margarethe und Josef Wallner geboren. 1982 trat er in das Zisterzienser-Stift Heiligenkreuz im Wienerwald ein, wo er den Ordensnamen Karl annahm. Nach seinem Studium wurde er 1988 zum Priester geweiht und promovierte 1992. 1993 wurde er zum Professor für Dogmatik und 1997 zum Professor für Sakramententheologie an der Hochschule Heiligenkreuz berufen sowie im Jahr 1999 zum Dekan bestellt. Als Papst Benedikt XVI. 2007 die Hochschule in den Rang einer Päpstlichen Hochschule erhob, wurde Pater Karl Wallner Gründungsrektor. Er ist außerdem als Jugendseelsorger und Verantwortlicher für die Öffentlichkeitsarbeit im Stift Heiligenkreuz tätig.

Bekannt wurde P. Karl Wallner sowohl durch seine umfangreiche Vortragstätigkeit als auch durch die Pressearbeit rund um die Veröffentlichung der ersten CD „Chant – Music for Paradise" im Jahre 2008. Von ihm sind zudem bereits zahlreiche Publikationen zu den Themen Spiritualität und Kirche erschienen, so z. B. „Beten ist einfach", „Fasten tut gut", „Wer glaubt, wird selig".